出島遊女と阿蘭陀《オランダ》通詞

日蘭交流の陰の立役者

片桐一男 著

勉誠出版

男が多いか、女が多いか

――『出島図』を覗《のぞ》いて、プロローグ――

描《えが》かれて　彫って刷られた　出島図の　そこに見えるは　誰でしょう。数えてみれば　多いのは　遊女の顔で　ありました。では出島　遊女の町な　のでしょうか。

水門を　あがってすぐに　必要は　通詞《つうじ》の言葉で　ありました。だからまずある　通詞部屋《つうじべや》夜《よる》・昼《ひる》とおして　つとめます。

そこで問うて　みたくなる。出島の主《ぬし》は　誰でしょう。オランダに　遊女に通詞　いずれもが主《ぬし》のような　気がします。

ながさきの　二十五人の　商人に　造らせました　人工の　島の役目は　なんでしょう。

南蛮の　人を集めて　隔離して　商売させる　島《ため》でした。

ところが布教の　厳禁で　追放されて　しまいます。

空き家となった　出島へと　平戸のオランダ　商館を　移転をさせて　管理する　奉行の目的なんでしょう。

禁教と　貿易続ける　ためでした。

図１　「長崎の港と町」1825 年（ハーグ　国立文書館蔵）

異文化の　ことばは何を　伝えるか
心は伝わる　ことかしら。

出島——長崎の海に造られた人工の小島（図1）。

形は、よく扇の形といわれる。しかし、それは間違い。扇の地紙の形、もしくは扇面の形といわなければならない。厳島神社の扇面古写経のように。

たった一本の橋——「出島橋」——が、出島と長崎の街を繋《つな》いでいる。日本人がみだりに出島に入れないように。出島のなかのオランダ人がみだりに街へ出歩かないように。

出島の周囲《まわり》の海には十三本の杭が打ち建てられている。みだりに舟を接近させないように。

長崎奉行所の西役所から見下《みお》ろせる位置にある出島。堀で囲まれている。その煉塀には鋳鉄でできた腰高の忍び返しがくまなく設けられている。水門には鍵がおろされている。出島橋は厳重な表門につづき、ボディチェックの門番が厳《いか》めしく立っている。出島橋のたもとに建てられた二枚の制札が制限の条々をまとめて示している。制札の文言を読み易くしておこう。

十一月九日

定《さだめ》

日本人異国人、御法度に背き、何事によらず悪事をたくらみ、礼物《れいもつ》を出し　頼《たの》む者これ有らば、急度《きっと》申し出ずべし、縦《たとい》同類たりといふ共、咎《とが》をゆるし、其《その》礼物一倍御褒美下さるべし、若《もし》隠し置き訴人《そにん》これ有るにおいては罪科《ざいか》に処すべきもの也

卯

十月　日

禁　制

一、領城の外、女入る事

一、高野聖の外、出家山伏入る事

一、諸勧進の者、ならびに乞食入る事
一、出島廻り、ぼうじ《（傍示）》杭《（ぐい）》の内、船乗り、廻る事
　　附たり、橋の下、船乗り通る事
一、断りなくして、阿蘭陀人出島より外へ出る事
　右条々堅く相ひ守るべきもの也
　　　午八月　日
　　　　　　　　　権右衛門
　　　　　　　　　甚三郎

二枚の制札からは日本人との接触を極度に制限し、オランダ商館員を完全に管理しようとしたことがみえみえである。江戸幕府の執った禁教・密貿易に対する事前の対策だったことがわかる。だから、出島のなかを、みだりに覗《のぞ》き見ることはできなかった。だから、見たい、知りたい。

寛永十八年（一六四一）から幕末の開国まで二一八年間、出島は海外から注目され続け、脚光を浴びていた。長崎を活況に導《みちび》き、エキゾチックな雰囲気を湛《たた》えた街に仕上げた源、それが出島である。商人はもちろん、文人たちも、蘭学の徒も、遊歴の徒も、ときには悪巧みの徒までも、目を向け、脚を向けた。

たとえ入《はい》り込むことができなくとも、遠望しただけでも、土産話《みやげばなし》になった。実見しなくとも、話をリアルに、面白く伝えたい。そのために役立つものはなにか。目で楽しむことができれば、一層、現実感を増すだろう。

そこで、求められ続けたのが長崎の浮世絵である。典型的な一枚を見てみよう。豊嶋屋版の『出嶋阿蘭陀屋舗景』である（図2）。出回っているものはすべて、版が刷り減っている。よく売れた証拠だ。

『出嶋阿蘭陀屋舗景』を、あらためて、見なおしてみる。すると、実に驚いた。誇張や様式化は版画の常とはいえ、なんと女性の多く見られることか。

『出嶋阿蘭陀屋舗景』を見ると、出島の通路は丁字型をしている。大雑把に四ブロックに分けてみる。

表門から入って、右手前、い蔵（オランダ名・リリー）・ろ蔵（ドールン）に洗濯場のあるブロック。い蔵の向うに、刀をさしてオランダ人と立ち話をしている日本人は通詞であろう。そのそばを道具箱を担いだ大工とおぼしき人物、これら三人は男性。洗濯場には洗濯をしている女性一人。その向うの空き地に散歩している二人の女性、「けいせい」と説明がついている。「けいせい」は「傾城」、遊女のことである。その向うに五軒の家がみえる。どの家にも人の姿がみえる。うち四軒の二階の窓にみえるのは、なんと五人とも女性ではないか。階下の戸口にみえる二人のうち一

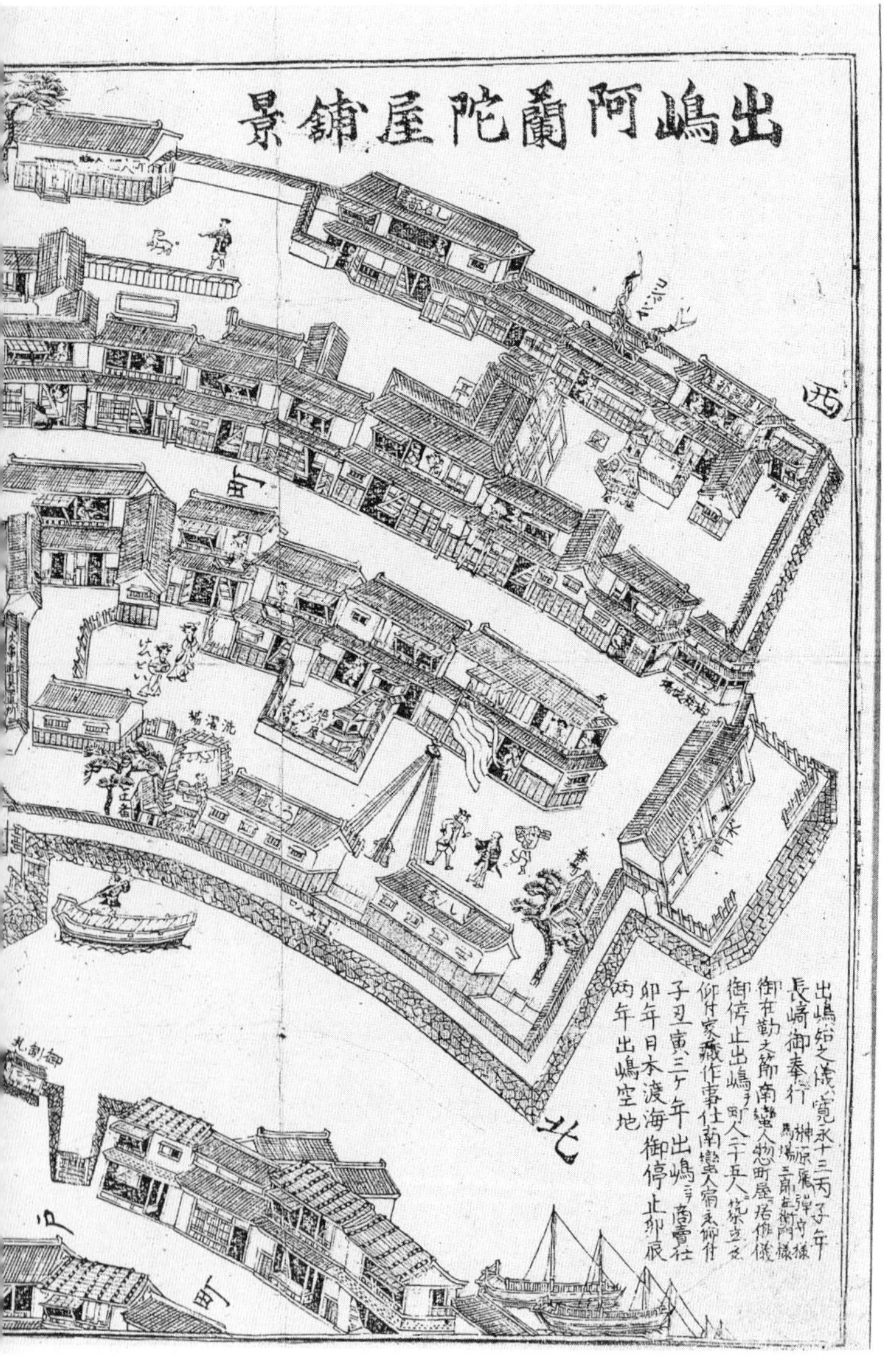
出嶋阿蘭陀屋鋪景
西
北
出嶋始之儀ハ寛永十三丙子年
長崎御奉行 榊原飛弾守様 馬場三郎左衛門様
御在勤之節南蠻人惣町屋ニ居候儀
御停止出嶋ヲ町人二十五人ニ築立之
仰付家藏作事仕南蠻人宿ニ被仰付
子丑寅三ケ年出嶋ヲ商賣仕
卯年日本渡海御停止卯辰
両年出嶋空地

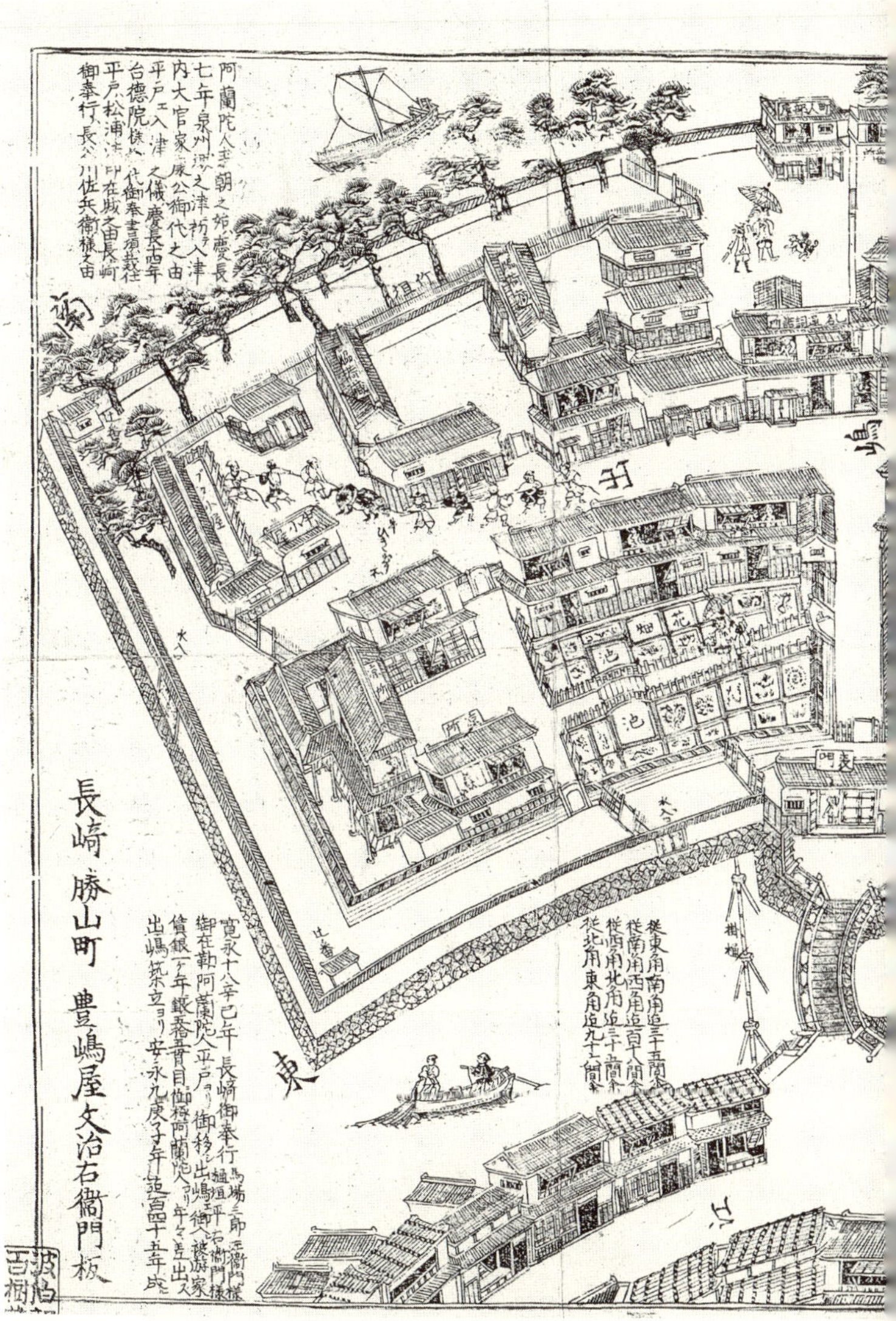

図２『出嶋阿蘭陀屋舗景』冨嶋屋文治右衛門板
安永９年（1780）（神戸市立博物館蔵　Photo: Kobe City Museum/DNPartcom）

人は男性、一人は女性。

カピタン部屋のあるブロックには沢山の家がみえる。そのうち四軒の二階の窓からみえる四人は女性。男性は二人くらい。通詞部屋の二階にみえる二人も男女一人ずつだろうか。戸口にみえる二人は男性。

左側手前のブロック。花畑の通路を、日傘を差しかける黒坊をしたがえて散歩するカピタンは男性。五軒の二階窓にみえる八人の女性と一人の男性。

脇荷蔵二棟のある左側奥のブロック。三軒の二階窓に女性の姿三、四人、男性はみえない。通路で牛に綱を付けて曳き出そうと綱を曳いているのは男性八人。広場で、日傘を差し掛けさせて犬を連れて散歩しているオランダ人は男性。

こんなぐあいに数いあげてみると、男性が二十二、三人。女性が、なんと二十六人ほどである。洗濯女一人をのぞいて、外を歩く二人づれの「けいせい＝傾城＝遊女」、二階の窓に顔のみえる二十一、二人はすべて「けいせい＝傾城」のようだ。

室内で仕事をしたり、くつろいだりしている人の姿は見えないわけである。

見えている限りにおいて、と断ってのことではあるが、女性の数が男性の数を上回っている。しかも、それらの女性は、ほとんどすべて「けいせい」すなわち遊女たちである。

これでは、「遊女」のまち「出島」とでもいわなければならないではないか。

いま見た出島図にみえる、人数を確認しておこう。男性二十二、三人の内訳は、オランダ人二、三人、通詞一人、大工二人、牛を曳く男八人、他に男六人、女性二十六人の内訳は、洗濯女一人、傾城（遊女）二十五人。

どうして、こんな景観になっているのだろうか。

これは、なんとしても、しらべてみなくてはならない。

そこで本書ではその謎を解くことと合わせて、次の疑問も追究してみたい。

・オランダ人の日常生活はどのようなものであったか。
・出島の余暇に、オランダ人はどんな遊びをしていたか。
・オランダ人は遊女へよくプレゼントをしたという。どのような物を、どれくらい贈ったのか。
・出島行きの遊女は、どれくらいの時間、もしくは日数、出島に滞在したのか。
・遊女はオランダ人と、楽しく、出来たのだろうか。それとも気まずいままで沈黙していたのか。
・出島の通詞部屋に詰める阿蘭陀通詞は何をしていたのか。

なお、基本問題の日蘭貿易の業務については深入りせず貿易史の専門家にまかせることにしたい。

目次

II　遊女の手紙を読む

附録

Ⅰ　遊女の出島、通詞の出島

一　「実状」と「実情」はどちらか

――「玉突き《ビリヤード》図」二枚の謎――

二枚の絵を見較べてみよう。図1・図2ともにオランダ人がビリヤードを楽しんでいる様子が描かれている。両図には「射玉為賭図」と同一の題が付いている。玉を射て賭けをする図という意であろう。図1は色彩の施された完成図のようだ、図2は白描図である。完成図とその下絵かと見紛《みまが》うばかりである。が、よくみると、相異している点も見受けられる。

両図に付けられた説明の文字を上下に並べ突き合わせて読み取ってみよう。

図1	図2
射玉為賭図	射玉為賭図
カピタン	カヒタン
筆者	
医者	
船頭	

図１「射玉為賭図」部分（『蛮館図』所収）（パリ国立図書館蔵、『秘蔵浮世絵大観』講談社、1989年）

筆者
遊女
禿
黒坊
射玉台
射玉台
象牙ノ玉
象牙ノ玉
キセル
タバコ入
炭入
名酒
コップ

カピタンの位置は両図同じ。図1の筆者、医者、船頭、筆者の四人の位置が図2では移動している。図2では全員が帽子を被っている

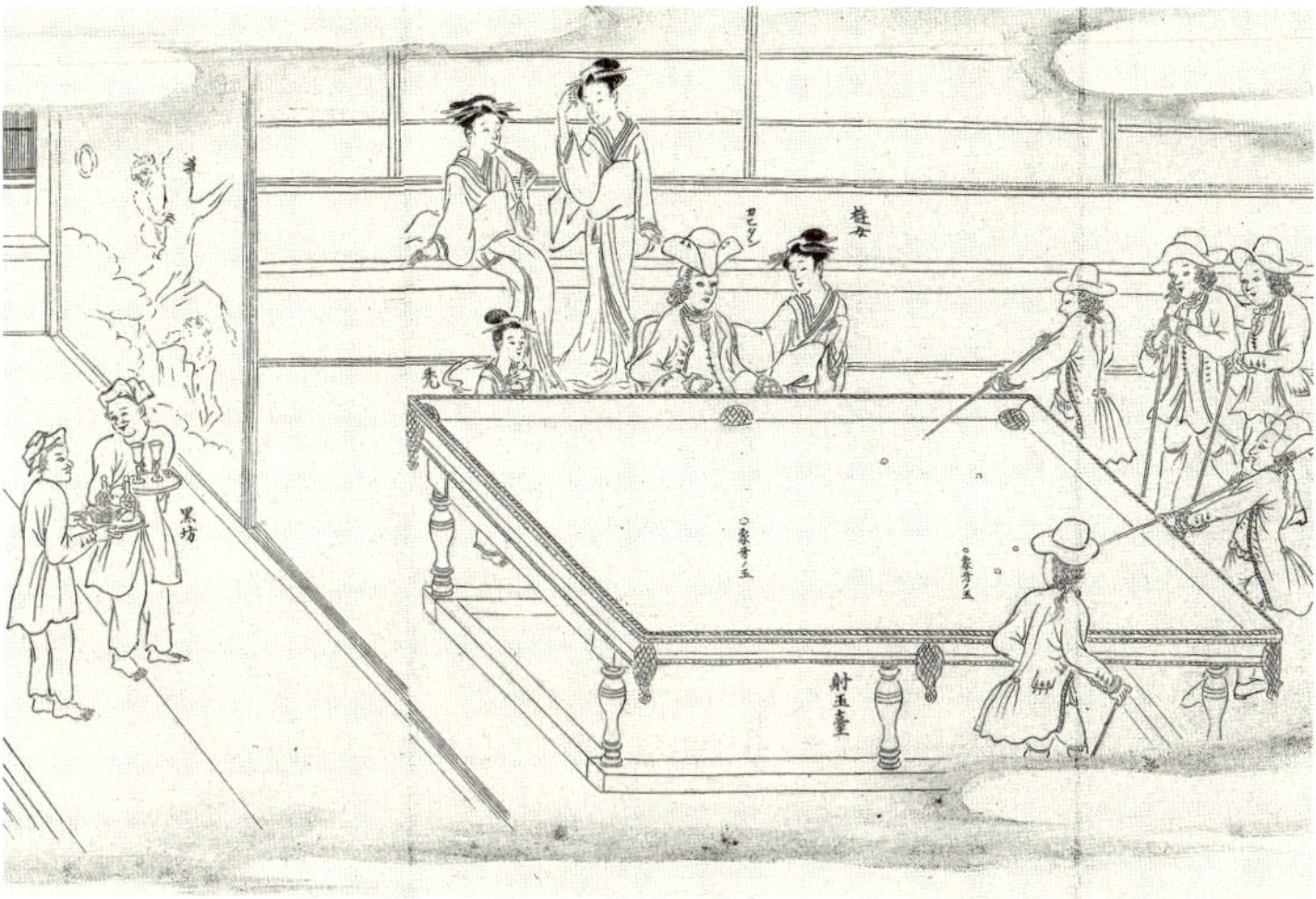

図２ 「長崎阿蘭陀船出島絵巻６ 射玉為賭図」部分（立正大学図書館 田中啓爾文庫蔵）

が、図１ではカピタンと船頭の二人だけが被っている。

台、用具など物品につけられた名称としては、射玉台は両者共通しているが、図１にみえるキセル、炭入は図２には品物それ自体がみえない。

名称こそつけられていないが、階段、手摺、襖絵などは両図共通。階段とその上り口廊下と襖、戯場の配置も両図同じ。床は図１が畳敷であるが、図２は絨緞敷であろうか。雨戸は図１が細かな縦板、図２が大幅の横板のようだ。階段上り口から戯場に入る手前で名酒とコップを盆の上に載せて立つ二人の黒坊の立ち姿も両図同じである。

大きな違いは、図１のカピタンのそばには白くて長いハウダパイプを持つ黒坊と炭入を持つ黒坊の二人が控えているのに、図

2ではカピタンの両脇に遊女と禿《かむろ》（遊女に使われる幼女）が侍《はべ》っている。その向うには、さらに二人の遊女が談笑しながら一人は立ち、一人は腰かけていることである。ことにカピタン脇の遊女はカピタンの肩に手をかけて、微笑《ほほえ》み、何やら話しかけている口許であるような表情をみせている。

下絵かと見紛《みまが》うばかりの図2の白描画にみえている遊女たちが消えて、図1には手伝の黒坊二人が描き上げられている。全体としては、ほとんど同じ構図の同一場面の一景、どちらが「実情」で、「実状」であるのだろうか。これだけの比較では、どちらが「実情」で、「実状」か、結着を導き出すことはできない。

図1の完成図は、パリ国立図書館に所蔵されている美麗な十枚の図から成る折本『蛮館図』の一図である。

十枚のうちの「蛮船卸貨図」にみえるオランダ船の船尾に、船名に擬して赤地に黄色で「USI GESCHILDER T.」と記されている。これを「融思画」と読み取ることを根拠に、長崎を代表する唐絵目利兼御用絵師・石崎融思の絵筆にかかる作とみなし、カピタン・ヘムミイの記す年記の翻訳表記、

暦數一千七百九十七年十一月十一日於出嶋書之

ゲイスベルト・ヘムミイ

に信を置いて、一七九七年（寛政九年）頃の作かといわれている。また、「長崎奉行のような特殊な人物の注文品であろう。」と推察されている（岡泰正「蛮館図」の諸問題」『秘蔵浮世絵大観』講談社、一九八九年十二月刊）。

図2は、立正大学図書館の田中啓爾文庫本『長崎阿蘭陀船出島絵巻』中の図である。『蛮館図』を原本にして、同一の作者、あるいは弟子筋が一般を対象に一種の「流布本」として、ややのちに制作したものがあって、さらにそれを書写したものであろう、と想定されている（前掲、岡泰正）。

二　解決！　遊女の揚げ代請求の和・蘭混交文

カピタンを務めたヤン・コック・ブロムホフ文書をオランダはハーグの国立文書館Nationaal Archief（筆者閲覧当時はAlgemeene Rijksarchief 王立中央文書館）で閲覧しているときのこと。図3のような一紙文書に眼を惹き付けられ、急いで、眼を走らせてみた。そして跳び上がるほどビックリ。

あの「実状」と「実情」が、この一紙文書で解決できるのではないかと思えたからである。叫び出したいほど嬉しかった。

以下に古文書を判読し、オランダ語文には拙訳を付けて、紹介してみたい。

まず、原文をそっくり、そのまま判読してみる。

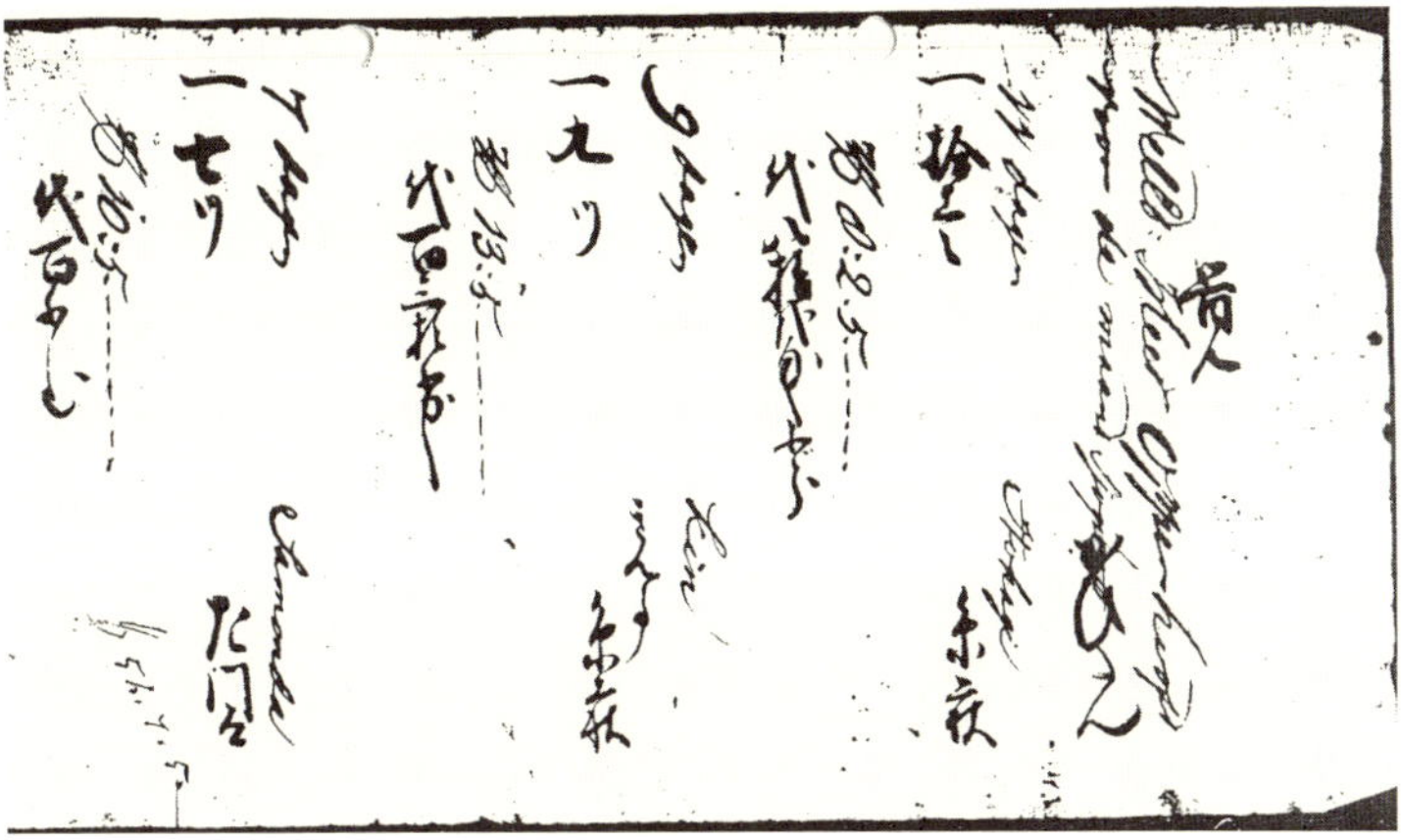

図３　「覚」（「ブロムホフ文書」）（ハーグ　国立文書館蔵、片桐一男撮影）

覚
WelEd: Heer Opperhoofd　かひたん
voor de maand Sjoguats
11 dagen　Itohagi
一拾壱　糸萩
₿ 8:2.5._._._.
代八拾弐匁五分
9 dagen　Kin
一九ツ　きん事
糸萩
₿ 13:5._._._.
代百三拾五匁
7 dagen　Samonda
一七ツ　左門太
₿ 10:5._._._._.
代百五匁

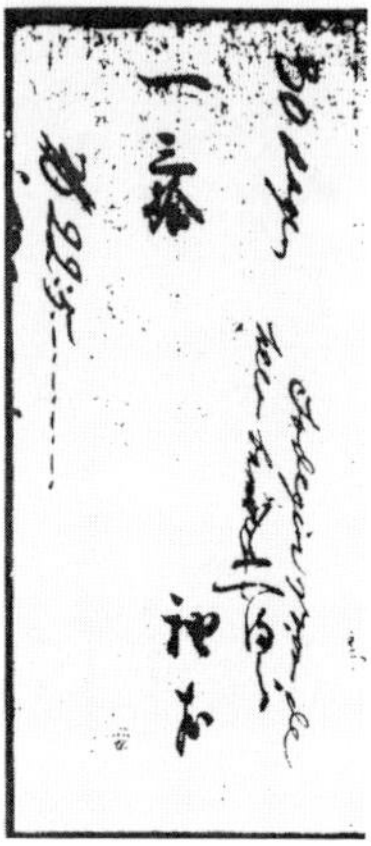

Sodegin voor de heer bauver　不六流分
袖銀

30 dagen
一三拾
Ŧ 22:5._._._._.
代弐百廿五匁

つぎに、オランダ語文の部分にのみ、拙訳をカッコ（ ）書きで付けてみる。

WelEd: Heer Opperhoofd
（いとも尊敬する商館長様）
voor de maand Sioguats
（正月分）

11 dagen　Itohagi
（十一日　糸萩）
Ŧ 8:2.5._._._._.
（八・二五テール）

9 dagen　Kin
（九日　きん）

₮ 13:5. . . .
（一三・五テール）

7 dagen　　　Samonda
（七日　　　左門太）

₮ 10:5. . . .
（一〇・五テール）

30 dagen　　Sodegin voor de heer bauver
（三十日　　バウフェル分　袖銀）

₮ 22:5. . . .
（二二・五テール）

文書原文の日本語部分とオランダ語の拙訳部分を比べて見ればわかる通り、オランダ語と日本語で同一の内容が記されている。

最初のオランダ語の文意は、

いとも尊敬せる商館長殿　　正月分

とわかる。実はこれは、**Sioguats**（正月）の一ヵ月間の「かひたん」に対する遊女の揚代の計算書である。「糸萩」と「左門太」という遊女を抱えている遊女屋からの請求書を阿蘭陀《オランダ》通詞《つうじ》が日本文に蘭訳文を添えて書き改め、カピタン・ブロムホフに差し出したものと見受けられる。和紙に認《したた》めた立派な日本人の筆跡でわかる。ブロムホフはこの文書をオランダにまで持って帰っていたのである。

計算内容をみて、驚嘆するやら、納得するやら。こんな文書に巡り合えるとは、一生涯に、そうそうあるものではない。

11 dagenは「十一日」ということ。同様にして、**9 dagen**は「九日」、**7 dagen**は「七日」ということである。ブロムホフは**Itohagi**糸萩を十一日、**Kin**きん事糸萩を九日、**Samonda**左門太を七日出島に呼び入れていたというわけである。合計して、一ヵ月のうち二十七日呼び入れていた計算になる。呼ばれていなかった日は三日間だけということになる。

長崎丸山の遊女の揚げ代については、古賀十二郎『丸山遊女と唐紅毛人』（長崎文献社、一九六八年）が詳しい。天明二年（一七八二）の商館長イサーク・チチングのとき以降、出島に呼び入れる遊女の揚げ代は、「太夫」が「拾五匁《もんめ》」、「店」が「七匁五分」であったという。これによってブロムホフに請求された計算書を検算してみる。

糸萩、十一日の揚げ代「八拾弐匁五分」は、一日七匁五分の「店」としての計算になる。

きん事糸萩、九日の揚げ代「百三拾五匁」は、一日拾五匁の「太夫」としての計算になる。

図4　川原慶賀「唐蘭館絵巻　玉突き図」重要美術品（長崎歴史文化博物館蔵）
オランダ商館員２人がビリヤードをしている。

図５「唐蘭館図巻　突玉之図」（神戸市立博物館蔵　Photo: Kobe City Museum/DNPartcom）

図６「蛮酋飲宴図」と年紀部分（『蛮館図』所収）（パリ国立図書館蔵、『秘蔵浮世絵大観』講談社、1989 年）出島のカピタン部屋の二階大広間に設えた大テーブルを囲んでオランダ商館員たちが飲宴している図。テーブルクロスがかかっている。畳敷きの大部屋で、オランダ人は履き物を履いているが、給仕をする黒坊、階段を上がったところに立つ遊女も素足のようだ。洋犬も一匹入っている。オランダ商館員 9 人、給仕の黒坊 4 人。遊女 2 人、隣室で奏楽しているのは 3 人の黒坊。

左門太、七日の揚げ代「百五匁」は、一日拾五匁となるから、左門太は太夫の計算。

最後の30dagen三十日は、heer bauverバウフェル氏が三十日分呼び入れた日数で、そのSodegin「袖銀」が「弐百廿五匁」であるというのである。すると、これは一日七匁五分の割で、「店」の格の遊女を「三十日」呼び入れていた勘定である。商館員バウフェル氏の「揚げ代」を「袖銀」と呼んでいることがわかる。

図７「長崎阿蘭陀船出島絵巻６　蛮酋飲宴図」部分（立正大学図書館　田中啓爾文庫蔵）　図６とほぼ同じ構図の白描図。オランダ商館員９人がカピタン部屋のテーブルクロスのかかった大テーブルを囲んで履物を履いたまま腰掛けの座についている。４人の遊女と２人の禿が側に侍って相手をしている。階段を上がったところの近く、広間に入ったところに黒坊が２人、隣室で奏楽している黒坊３人、洋犬１匹。テーブルの上にみえる料理はオランダ正月のときの料理と同じようだ。

三十日は、江戸時代、大の月の一ヵ月である。カピタン・ブロムホフは一ヵ月三十日のうち二十七日間、商館員バウフェルは三十日間まるまる遊女をそば近くに呼び入れておいたのである。

これによって、出島のオランダ商館におけるオランダ商館員のそばには、毎日、遊女がいたことがわかる。

されば、ビリヤードを楽しむカピタンや商館員のかたわらに、遊女が侍《はべ》っている白描図のほうが「実情」かつ、「実状」を伝えているものである、と判明する。

白描図が実情と実状を伝えているのであって、絵が極彩色に仕上げられる——誰か偉い方の注文に応じて仕上げられるに際して、憚《はばか》るところがあって、このように改変されたのであろう、と判明する。

図８　川原慶賀「唐蘭館絵巻　宴会図」部分、重要美術品（長崎歴史文化博物館蔵）
港内の風景がみえるカピタン部屋二階で会食をしているオランダ商館員７人。そばに遊女が侍っている。１人は猫をだいている。黒坊が料理を運んできた。畳敷のこの部屋に洋犬１匹が入り込んでいる。テーブルの上には肉料理と飲み物がみえる。フォーク、ナイフ、スプーン、グラス、ボトルなどの洋食器がみえる。

図９　川原慶賀「長崎蘭館饗宴図」部分（個人蔵、『日蘭交流のかけ橋』神戸市立博物館、1998 年）　図８と似たような構図であるがオランダ商館員６人。招待されて椅子の席についている日本人は長崎奉行所の高官か町年寄かもしれない。この席にも遊女が２人侍っている。そのうち１人は猫をだいている。料理を運んできた黒坊さんのそばに洋犬１匹。港にオランダ船と唐船がみえる。鍵の手に窓を大きくとったカピタン部屋２階の畳敷きの部屋。テーブルの上の洋食器と料理も豪華で、一同飲宴、談笑している。

図 10　川原慶賀「長崎出島館内之図」部分（東京藝術大学蔵）　オランダ屋敷に日本人が招かれて飲宴・会食している図。ここにも遊女が 3 人みえる。椅子から立ち上がったばかりのオランダ人が遊女に抱きついているように見える。羽織袴姿の日本人 2 人、奉行所の高官か町年寄かもしれない。

図 11　「HOLLANDER」部分（神戸市立博物館蔵　Photo: Kobe City Museum/DNPartcom）　オランダ商館員 5 人の会食。2 人の黒坊が給仕している。この図では遊女の姿はみえない。

このようなことが判明してみると、思い当たるふしが沢山ある。

出島で催されたオランダ正月の宴席をはじめ、日常の食事のテーブル席にも、遊女が禿をつれて何人もみえている（図4～11）。

ビリヤードに興ずる台の周りのオランダ人のそばには、常に、遊女の姿がみられた。

出島内の涼所《すずみどころ》でも、園内の散歩でも、常にカピタンや商館員と談笑しながら歩く遊女の姿が描き出されている。これが「実状」と「実情」だったのである。

三　睨めっこか、談笑か
――日本語か、オランダ語か――

一ヵ月のうち二十日間、カピタン・ブロムホフのそばにいた遊女糸萩、七日間いた遊女左門太たちは、その間、ブロムホフとどのような会話をかわしていたのであろうか。もちろん会話の内容はわからない。わかるはずもなかろう。知るよしもない。問題は、二人の間で、何語で話が交わされていたのかということである。

そもそも鎖国の当初、カピタンは一年交替、他の商館員も短期間で交替させられていた。継続した滞在によって日本人と昵懇な間柄となってキリスト教が伝えられるということのなきよう、また、密貿易の行われることのなきよう未然に防ぐ必要からであった。そこで、幕府は来日のオランダ商館員には、日本語修得の機会を与えないという政策を行った。

したがって、来日のカピタンたちオランダ人は日本語を話せるようにならなかった。だから、出島の水門から陸にあがると、すぐに必要だったのが通詞による通弁・通訳であった。そこで、水門から入って、すぐ右奥に「通詞部屋」が設けられていたのである。長崎奉行の大サービス振りがわかる。

長崎奉行が、幕府の政策を長崎の現地で、体現しているのであるとすれば、水門から入ってすぐ右奥に「通詞部屋」を設置してあげたことは、長崎奉行の大サービスか、それとも、幕府による大サービスか、はたまた「大政策」というべきかもしれない。

オランダ語を話し、日本語を話せないカピタンや商館員に呼ばれて、遊女たちは出島に出向き、言葉ができないからといって、沈黙をまもり、まるで睨《にら》めっこをしているようにして過ごしていたものであろうか。そんなことで、二十日も、七日も、一ヵ月三十日も過ごせるわけがない。

それどころか、図2を見ると、ビリヤード台を前にしたカピタンの脇に侍る遊女の表情は、いかにもにこやかで、なにやら話しかけているようではないか。親しそうにカピタンの肩に手をかけて、確かに話しかけている。間違っても、睨めっこをしている様子ではない。となると、当然、オランダ語で話しかけているのである。

遊女は、相手がかわっても、出島通いを繰り返す長い間に、オランダ語会話を身につけて、用を弁じていたのである。覚えたてのオランダ語を操《あやつ》って、相手の気持ちを読み取る術《すべ》を持ち、下手《へた》な通詞よりはよほどオランダ語会話が上手であったかもしれない。

もちろん、文章を読みとったり、オランダ語訳をして伝えたり、ということになれば、専業とする通詞の手を借りなければならないことであったであろう。ちょうど、遊女の揚代の請求計算書を蘭訳してもらわなければならないと同じように。そうではあっても、日常生活上の会話くらいは、まずまず出来るようでなければ過ごせなかったというわけである。寝室のなか、ベッドのなかまで通詞を呼ぶことはできなかったであろう。現に、ビリヤード場のカピタンと遊女との間にも通詞の姿は見えない。

出島行きの遊女はオランダ語を話す国際人であったのである。「蛮館飲宴図」や「蛮酋飲宴図」などを見れば、もっと納得できるはずである。

四　魅力的な遊女代
――計算書を検算してみたら――

先にみたようにカピタン・ブロムホフ宛の揚代請求書に、

糸萩　十一日分揚代八拾弐匁五分が一日当り七匁五分で「店」としての扱い。
きん事糸萩　九日分の揚代百三拾五匁が一日当り拾五匁で「太夫」としての扱い。

とあった。

これはどういうことを意味しているのであろうか。

「糸萩」が「きん事糸萩」というのであるから同一人である。すると、同一人である遊女が、十一日間は「店」の格扱いで、九日間は「太夫」の格扱いでカピタン・ブロムホフに呼び入れられているわけである。

カピタンや商館員の遊女揚代が阿蘭陀商館持ちの公費で支払われて、その予算の遣《や》り繰《く》り算段の必要上、十一日分は「店」の格で、九日分は「太夫」の格で支出した、というのであろうか。

それとも、個人の給料、ポケットマネーからの支払で、十一日分は「店」の格、九日分は「太夫」の格で支払った、というのであろうか。

これだけでは、にわかに決し難い。しかし、いずれにしても、「店」の格七匁五分が基本で、九日分は割増しにして「太夫」の格拾五匁で支払った、というのであるか。それとも、「太夫」格の糸萩一日分拾五匁計算を値切って、十一日分「店」格の一日七匁五分の計算で支払った、というのであろうか。

もともと、出島行きの遊女には、太夫はいなかったというのであるから、先の、商館員バウフェルの揚代計算も「店」の格で計算されている。「店」格の遊女を一ヵ月三十日間、まるまる呼び入れ続けていたということであろう。

さすれば、カピタン・ブロムホフが呼び入れた糸萩の場合も、基本は「店」格で、九日間分だけ「太夫」格扱いの割増しにしてあげた、という公算が大きい。なにしろ、ブロムホフは、後でも述べるように、糸萩を愛人にして、殊のほか可愛がっていたのだから。

もっとも、出島に太夫が出入りするようになったのはカピタン・イサーク・チチング Isaak Titsinghが、天明二年（一七八二）に遊女浮音を呼び入れたときからである、という（前掲、古賀十二郎『丸山遊女と唐紅毛人』）。

ブロムホフと糸萩の場合はそれより後のことである。

出島入りの遊女の揚代の基本が「店」の格七匁五分で、ときによって、「太夫」格の割増し料金にしてもらえていたとなると、出島通いの遊女にとって、出島のカピタンが支払ってくれる揚代は、とても魅力的なものであった、ということになる。

遊女屋の楼主にとっても、抱えの遊女が出島に呼ばれて出向くことは、とても「おいしい」魅力的注文だったのである。

五　遊女は大怪我《おゝけが》、禿《かむろ》は焼死

――出島の大火――

寛政十年三月六日（一七九八年四月三日）の夜、出島が大火に見舞われた。「子《ね》の中の刻」というから、ちょうど夜の十二時、零時頃、出島の縫物師部屋より出火、西北風にあおられ、西南に焼け広がって、カピタン部屋をはじめ主要な建物を焼き尽くした。風上の「牛猪小屋」や園庭内の「涼所」などはもちろん無事であった。が、風下では、かろうじて「い蔵」と「ろ蔵」に「水門」をのこすのみの大火であった。

大火の実状は「蛮館回禄之図」（図12）にみえる焼失範囲を示す図とその説明文に詳しい。ここでは、意訳に筆者の説明を加えて、紹介してみたい。

火の手が上がると、オランダ商館員たちは水門に走り出て、「ループル」三丁で「助け船」を求めて呼び続けた。「ループル」はオランダ語でroeperと書き、「呼遠筒」と訳字を当てているようであるが、要するに「メガフォン」のことである。航海用具で、出島では「マタロス」（船員のこと）が使用している姿がよくみられ、長崎の絵図や版画にも描かれている。

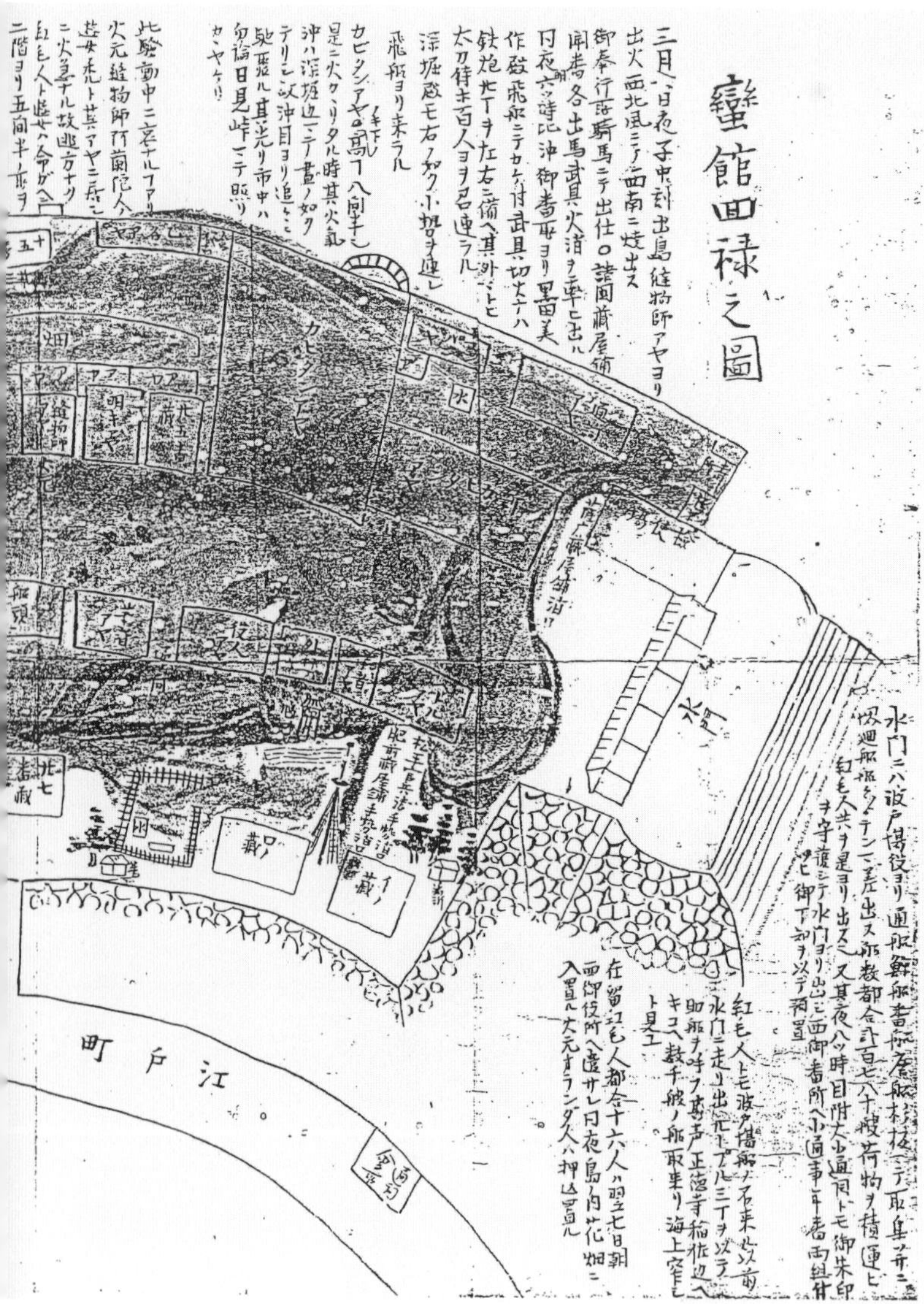
蠻館回禄之圖
水門
江戸町

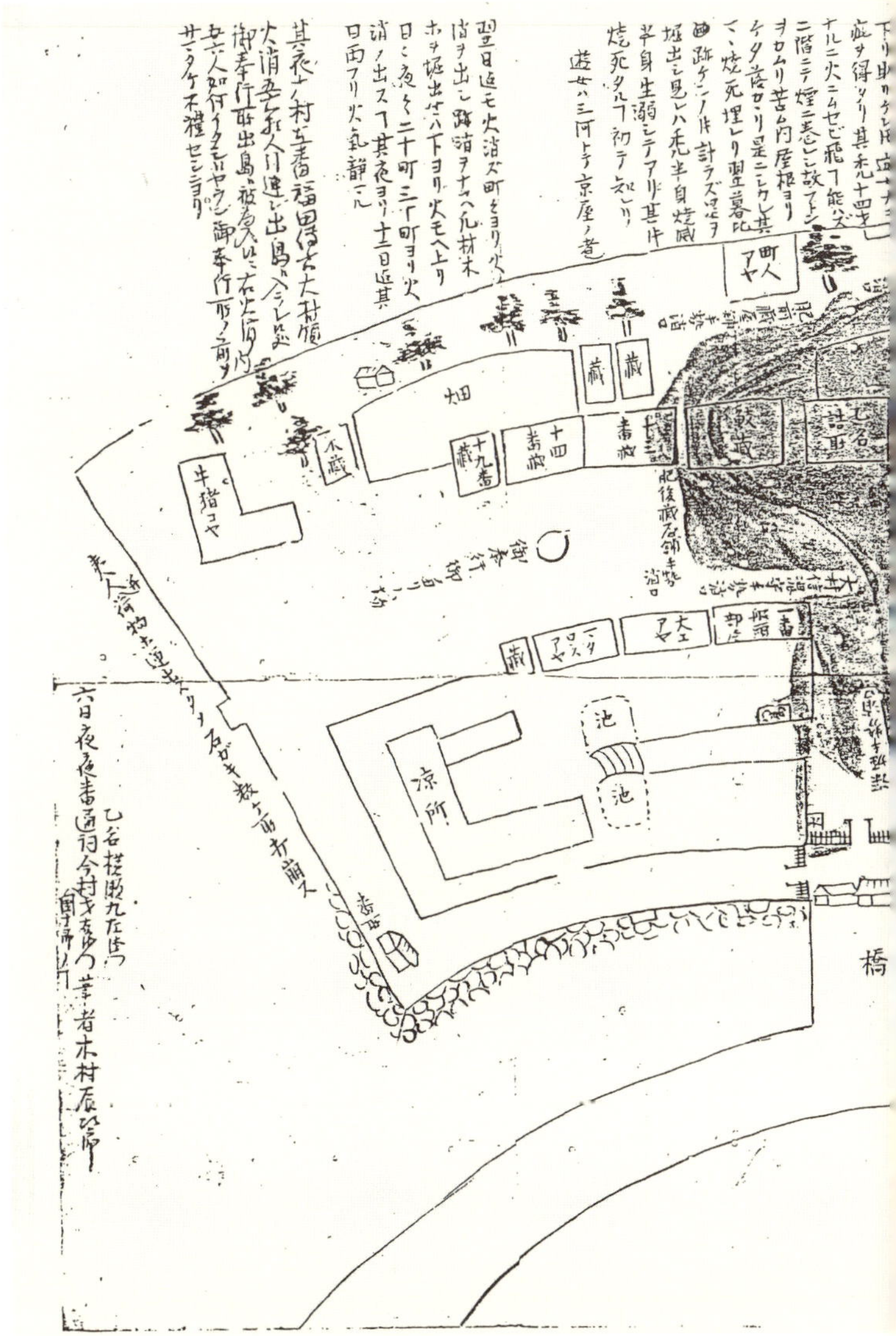

図 12　「蛮館回禄之図」（西隆義氏蔵　長崎市出島史跡整備審議会『出島図――その景観と変遷』中央公論美術出版、1990 年）

援けを求めるループルでの呼び声は、「正徳寺」や「稲佐」のあたりまで聞え、それに応《こた》えて「数千艘ノ船」が「海上窄《せま》シ」と群集したという。

長崎奉行所からは「騎馬」が出動。諸国が長崎におく「蔵屋鋪」からは「聞番（聞役）」たちがそれぞれ「出馬」、「武具火消」を率いて駆け付けた。

「沖御番所」からは、「黒田美作守」が「飛船」で駆け付け、「武具・切火縄・鉄炮二十丁」を左右に備え、そのほか「纒《まとい》・太刀侍《たちざむらい》」など「百人余」を召し連れての出動。

佐賀藩の「深堀殿」も「小勢」を連れて「飛船」で駆け付けた。

回禄図をみると、水門を入ったところの検使場には「薩摩蔵屋敷」の手勢が消火に当たった。い蔵・ろ蔵のあたりは「松平官兵衛（福岡・黒田）」と「肥前蔵屋鋪」の手勢が消火に努めた。これら三手は向って来る火勢を真っ向に受けて、必死の働きをもって、おのおのの持ち場「消口」をかためた。

上手《かみて》からは、「深堀手勢」「大村信濃守手勢」「肥後蔵屋敷手勢」「肥前蔵屋鋪手勢」が猛火を取り囲むように、分担した持ち場をかためた。

ときの在勤長崎奉行松平石見守貴弘自身も、畑と園庭の通路に留《とど》まって陣頭指揮に当たった。

「水門」には「波戸場役」より「通船」「鯨船」「番船」「唐船」「杉板（小舟＝バッテイラ＝ボート）」が集まり、「堺廻船」などなどの船々からも「伝馬船」を差し出し、集まった「弐百七八十艘」の船が「荷物」と「紅毛人」をは運び出した。

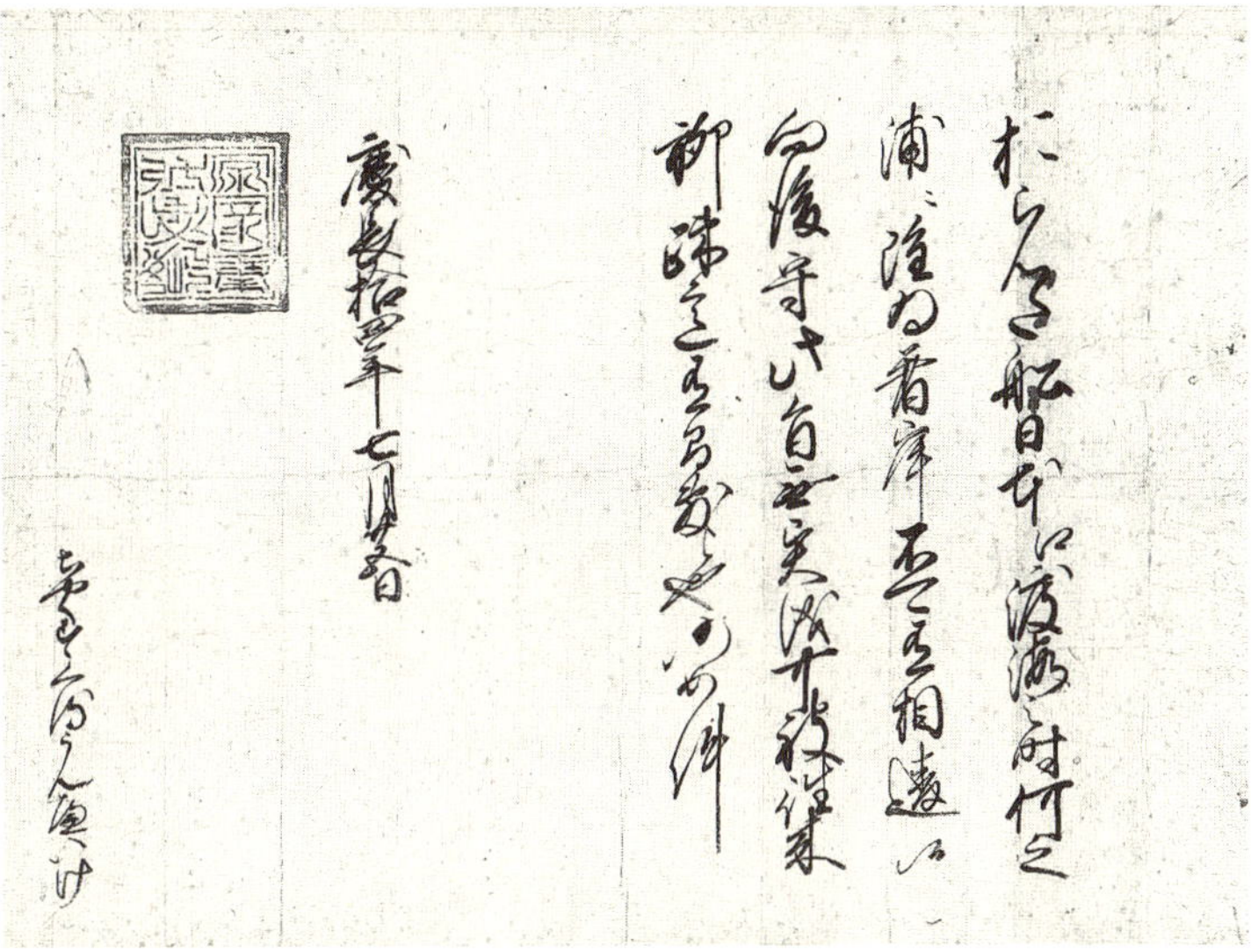

図13　「徳川家康朱印状」（ハーグ　国立文書館蔵）

出島のオランダ商館にとって、最も大切なものはなにか。それは「御朱印」と呼んでいる貿易許可証であった（図13）。慶長十四年（一六〇九）七月二十五日付で徳川家康が下付した、あの朱印状である。これを失ったら、貿易継続の道が閉ざされる。出島が危急のとき、真っ先に「確保」し「緊急避難」させなければならない。長い出島の歴史において、この朱印状は、何回、緊急避難の移動をしたことがあるのだろうか。いずれにしても、現在、この朱印状は、オランダはハーグ市の国立文書館Nationaal Archiefに保存され、厖大な出島商館文書群のなかで、閲覧請求番号第一番が与えられている。筆者もかつて青山学院大学在外研究で満一ヵ年（一九八一年四月十六日〜一九八二年四月十九日、三六九日）オランダに滞在したとき、〝Factorij Japan N.1〟と請求紙片に記入して請求した。大型の重要古文書であったためか、二階のオップスタルOpstal部長室でしばし閲覧、計測もした思い出がある。

六日の当夜の夜番は、乙名の横瀬九左衛門、通詞は今村才右衛門、筆者木村辰次郎であった。駆けつけた通詞目附、大小通詞たちが「御朱印」を「守護」し、「八ッ時（午前二時）」に「水門」より運び出し、「西役所」へ年番小通詞横山勝之丞が役人とともに運び込み、奉行の「下知」をもって、預け置くことを得た。

荷物の搬出には、「石垣数ヶ所」を「打ち崩」し、運び出した。

長崎の街《まち》が、総がかりで、出島の火災に駆け付けたということになろう。大混乱、大騒動ぶりであったことが察せられる。

カピタン屋敷の軒下《のきした》の高さは「八間半（約一五メートル余）」あって、出島では一番高く、大きな建物であった。これに火がかかったとき、その「火気」は「沖ハ深堀辺マテ昼ノ如ク」照り、その「光」は「市中」はもちろん「日見峠」まで「照リカガヤケリ」というほどであったという。

なんとも、大きな、火災と騒動であった。

この大騒動で「哀れ」なことが起きている。火元であった縫物師のオランダ人の部屋に、遊女と禿がいた。火のまわりが急であったため逃げ出すことができなかった。オランダ人と遊女は

「命ガヘニ（命と引き替えに＝命がけで）」二階より「五間半（約一〇メートル）」のところを「寝起」きのまま「通り筋」へ「飛び下」りて助かった。しかし、このとき遊女は大怪我を負った。十四歳の禿は「火ニムセビ」飛び下りることができなかった。二階で「煙ニ巻」かれ、蒲団《ふとん》をかむって苦しんでいるうちに、屋根より「桁《けた》」が「落」ちかかり、これに敷かれてそのまま「焼」け「死」んで「埋《うず》」れてしまった。

翌日の「跡ケン（後検査）」とき、はからずもこれを掘り出し、見れば、「禿半身消滅、半身生《なま》溺《じに》」であった。そのとき「焼死」したことをはじめて知ることになったという。

縫物師のオランダ人の二階に泊まっていたのは、京屋抱えの遊女「三河」とその禿であった。遊女と禿の出島屋敷泊り込みは日常的なことであったことがわかる。

だから、カピタン・ドゥーフに道富丈吉と名付けた混血の男児が出来、出島医師シーボルトとお滝の間にお稲という混血の女児が生まれたのである。ブロムホフがカピタンの頃の荷蔵役の商館員にも「娘」（混血児）のいたことが本書によって判明した（一一二ページ参照）。

六　出島の網戸《あみど》と蚊帳《かや》
――それは誰のためのものなのか――

遊女や禿が出島に通い、常にそばに侍っている、どころではない。晩に泊り、すっかり同棲しているのである。

だから、例えば、展覧会図録『日蘭交流のかけ橋』にみえる「かぴたん部屋建替図」（図14）を見てみると、「遊女竈所」「湯どの・雪隠場所」「寝間」付きの「遊女部屋」が、階段を上がって、突き当たりの「食事所（食堂兼パーティ会場）」の部屋を挟んで左手に大きく設《しつら》えてある。右手には大きな「広間」を中心に、道路に面した表側には「黒ぼう住居所」「竈所」や「書物所」が並んで付けられており、奥の海側には「硝子障子（ガラス張り）」仕立ての「涼所（ベランダ）」が設《しつら》えてあり、二方鉤《かぎ》の手に大きく二面を「硝子障子（ガラス張り）」で窓をとった「遊女」の部屋が設けられてあった。三本マストのオランダ船がもやっている海上風景が広く眺められたわけである。

食堂を挟んで、右側のベランダを除いた広間などの広さに比べて、左側の遊女部屋などの広さは、どうして、なんら遜色《そんしょく》をみることのないくらいの広さをとって設《しつら》えてある。

その遊女部屋の窓は海側に面して、「硝子障子」になっている。すると繋留されている三本マストのオランダ船などが展開する、すばらしい港の風景が窓越しに楽しめたわけである。カピタンの心配《こころくばり》がしのばれようというものである。

ところが、さらに注意をひいたことには、外に面している窓の外側には、「此所、外銅網張リ二相成」としっかり書かれているではないか。オランダ語で書かれた図面にも、

glasse raamen van buijten met een enkeld raam van kooper draad

と明記されている。訳してみると、「外側に一重の銅網の張ってあるガラス窓」というわけである。

遊女部屋に限って、特別に「銅網」が張ってあったのである。夏の夜、室内の灯火に群がり集まる蛾や羽虫たちを避けるために、湿った海風、淀んだ凪の時間帯、時を選ばず押し寄せる蚊の大群を防ぐために、なんという特別の心配《こころくば》りであろうか。

遊女は、出島で、特別扱いの待遇を受けていたのである。まさに、遊女の出島であった。

そこで、また、思い出されることがある。

出島の通詞部屋から、宿直に当たった通詞の茂伝之進がカピタン・ブロムホフに「蚊帳」の借用方を頼み込んでいたことである。その文は、和紙に毛筆でオランダ語が走り書きされている。訳読してみる。

尊敬せるブロムホフ様
私が貴下に心からお願いしますことは、今晩、通詞部屋にはたくさんの蚊がいて眠ることができませんので、もし貴下が蚊帳を持っておられたならば、どうぞ貸して下さい。明日、お返し致しますから。

敬具
貴下の僕　伝之進

どうぞ、料理した青豆を喜んで味わわれんことを。


料理した青豆にこの頼みの小紙片を小使に持たせてカピタンのもとへ走らせた様子が眼に見えるようではないか。

海中に造成された出島の夏の夜は、兎に角、蚊になやまされたようだ。

それにしても、宿直の通詞がカピタンから蚊帳を借りたいとは。カピタンは、蚊帳を持っていただろうか。もし、持っていたとして、貸してあげたら、ブロムホフ自身はどうなるか。虫刺されに弱い筆者、気になりだすと、きりがない。

そこで、『阿蘭陀屋敷部屋置附品立書』などという、いかめしい記録を見てみる。すると、

一、蚊　帳　弐張

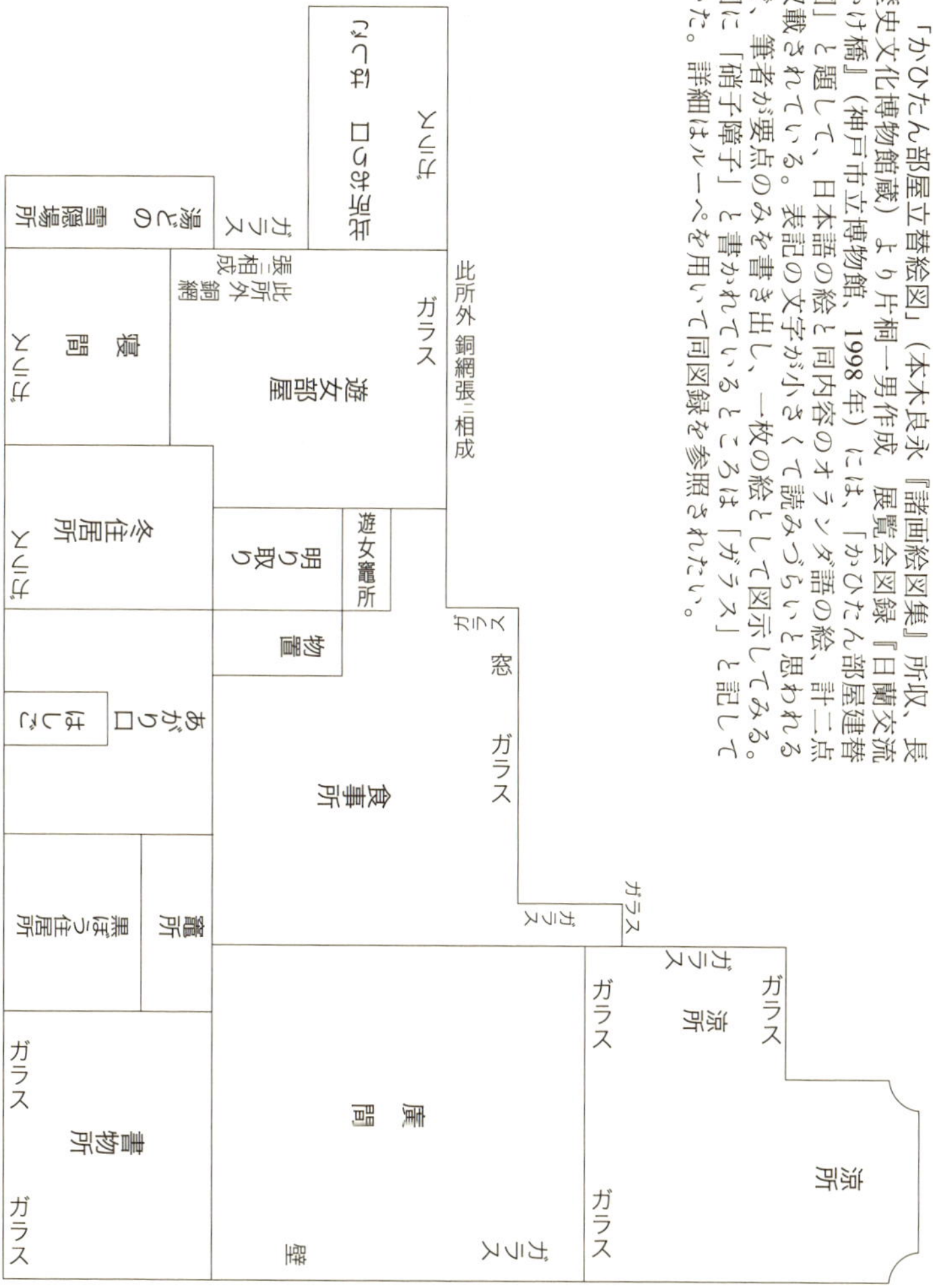

図14「かぴたん部屋立替絵図」(本木良永『諸画絵図集』所収、長崎歴史文化博物館蔵)より片桐一男作成　展覧会図録『日蘭交流のかけ橋』(神戸市立博物館、1998年)には、「かぴたん部屋建替絵図」と題して、日本語の絵と同内容のオランダ語の絵、計二点が収載されている。表記の文字が小さくて読みづらいと思われるので、筆者が要点のみを書き出し、一枚の絵として図示してみる。原図に「硝子障子」と書かれているところは「ガラス」と記しておいた。詳細はルーペを用いて同図録を参照されたい。

図15　「蚊屋をつった閨中の図」（宝永版『長崎土産』所収）（佐藤要人・花咲一男共著『江戸諸国遊里図絵』三樹書房、1994年）

と、しっかり記載されていた。まず、まず、余計な心配であったか、と疑問は解消した。

それにしても、カピタン屋敷において、「遊女部屋」にのみ、「網」が張ってあったというのである。いかに遊女が優遇され、可愛がられていたことか。この一事をもってしてもよくわかる。

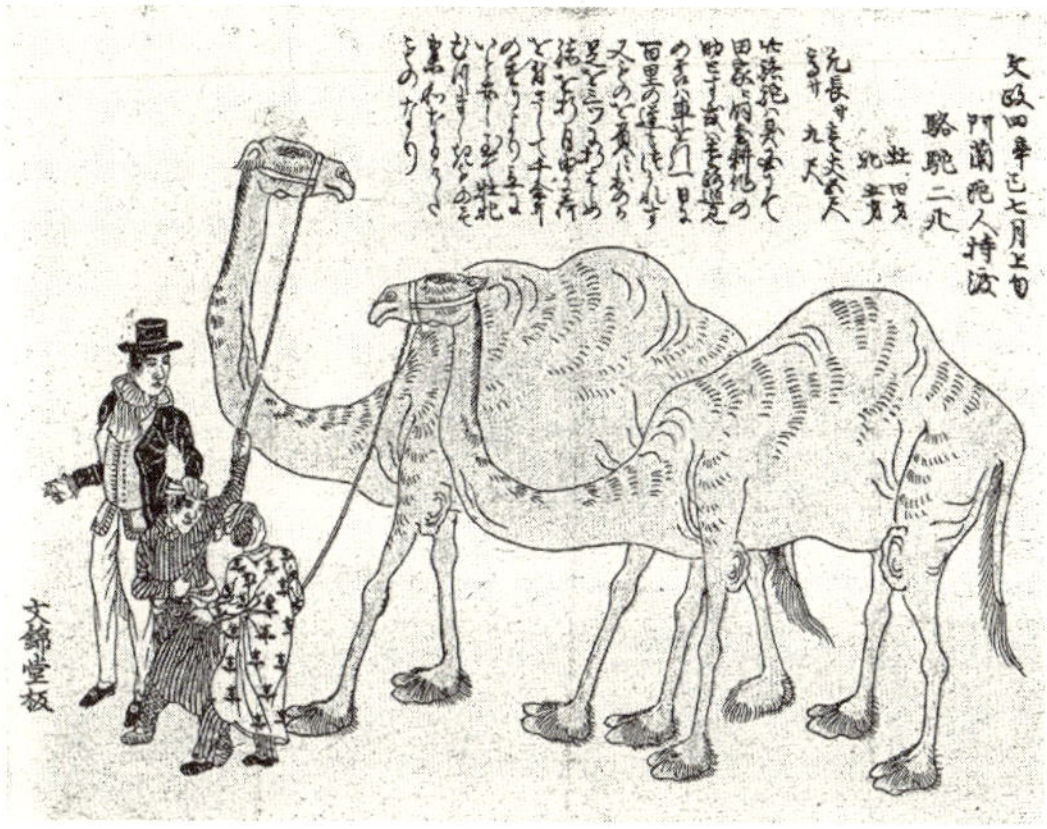

図16　「渡来の駱駝図」（シーボルト・カウンシル『長崎・出島展』小学館、1986年）

七　駱駝二頭のプレゼント

——ラクダはどこまでいったやら——

文政四年（一八二一）七月、オランダ船が二頭の駱駝を持ち渡った（図16）。アラビア国はメッカの産で、牡は八歳、牝は七歳、長さは一丈二尺（三・六メートル）、高さは九尺（二・七メートル）くらいの一瘤《こぶ》駱駝であった。

ときの長崎奉行間宮筑前守信興は西役所でこれを見物のうえ、江戸へ御用の有無を問い合わせた。将軍家が所望されるか、どうか、を問い合わせたのである。しかし、御用にはならない（所望しない）、という回答であった。

そこで、オランダ商館では、カピタン・ブロムホフがこの駱駝を愛する遊女糸萩に贈ることにした。

表向きの手続きとしては、通詞仲間が引き請け、肥田織木綿三百三十端、色縮緬五十七端、青梅縞七十端、紋羽三十端をカピタン・ブロムホフに謝礼として贈り、その代銀が遊女糸萩の収入となったのである、と。

この番《つがい》の駱駝は、香具師によって江戸へ連れて行かれ、八月九日、両国広小路で見世物にされた。木戸代（見物料）は三十三文（現在の約四〇〇円）大江戸八百八町の隅々まで大評判となった。狂歌に詠まれ、各種の版画が出回った。

くびは鶴　背中は亀の甲に似て
千秋らくだ　万歳らくだ（加茂秀鷹）

三十二銅にて見せしかば
押あふて　見るより見ぬか　らくだらふ
百のおあしが　三つにをれては（村田了阿）

『増訂武江年表』巻之八の文政四年辛巳の条に「肉峯は一つにして、しかも、高し。足は三つ節ありて三つに折る。高九尺、長二間、牡八歳、牝七歳といへり」とある。

これを切っ掛けにして、物の大にして鈍なるものをラクダといい、さらに、雑木を焼いて堅くない大炭をラクダ炭と呼ぶようになったのであるという。

この駱駝、その後、北国にまで牽かれていって見せ物とされたが、結局は寒気にふれて斃れてしまった、という。

珍しい動物の渡来としては、水牛、象、ロイアールト、ジャワマメジカ、山嵐、麝香猫、ヲランウータン、手長猿などをはじめ、各種洋犬などはおなじみであった。二瘤《ふたこぶ》駱駝の渡来したこともある。珍しいオームや各種のインコなど渡来の珍鳥は遊女たちにもプレゼントされたことであろう。

八　贈物の数かず
――白砂糖のプレゼントは甘かったか、おいしかったか――

歴代のカピタンや商館員が馴染の遊女に贈った贈物として駱駝の他に「白砂糖」がよく見られた。

白砂糖は重要な輸入貿易品であったが、オランダのカピタンや商館員の日常生活に使用された遣い捨て品としても扱われていた分量があった。このなかから、個々の商館員が遊女たちに贈っていたようだ。古賀十二郎氏も「砂糖表Zuiker Reijst」を引いて、何回も紹介しておられる（前掲『丸山遊女と唐紅毛人』など）。

舐めてみたり、コーヒーに入れたりしてみたら、「甘かった」であろう。白砂糖は当時の日本には無かった貴重な舶載の蛮品。高く売れたのである。「おいしい商品」だったのである。輸入品としても、贈物としても、蛮品の白砂糖が潤沢に出回り、供給されていたからこそ、長崎でカステラの完成品が出現したのである。江戸城の大奥で大量に消費される砂糖代に老中は頭を抱え込んでいたのである。

古賀十二郎氏が次のような珍しい文書を紹介されている（前掲『丸山遊女と唐紅毛人』）。

寄合町引田屋卯太郎抱遊女
糸萩

一素焼茶器　壱揃但枚五ツ
一針　差　壱箱
一銘酒器　壱箱
一焼物とんまり　壱ツ
一同水次　壱ツ
一同　皿　大小三拾五枚
一同猪口　弐ツ
一きんもふ留帯地　壱ツ
一古路婦く連ん帯地　弐ツ
一上皿紗　弐端
一皿　紗　三端
一奥　島　弐端
一古路婦く連ん　弐ツ

萬きく

一上皿紗　　壱端
一皿　紗　　三端
〆
右小貫之品被成御渡慥ニ受取申候、向々江相渡申候、以上
巳十一月廿四日　　引田屋卯太郎　印

残念ながら出典が示されていない。贈物の数々、実に多彩ではないか。オランダ船で持ち渡られたティー・セットや更紗など反物類が主となっている。注目すべきは、オランダ商館から遊女屋経由で遊女に贈られた珍しい蛮品の数々であった、ということである。この文書から、オランダ人からのプレゼントが遊女屋の楼主へ、楼主から各遊女へ手渡されたことがわかる。

丸山でとる胸ぐらはボタンがけ

と詠まれている。出島のカピタンをはじめとして、オランダ商館員たちの服装は洋服であり、ボタンが光っていた。遊女たちは、ボタンを貰い受け喜んでいた。それを分けてもらった長崎の住人も多い（前掲『丸山遊女と唐紅毛人』）。どんなところに付けて楽しんでいたのであろうか。版画の

なかに探してみるのも一興である。

遊女たちがオランダ商館員たちから貰った贈物は、決して「小貰《こもらい》」などという表現で済まされるようなものではなかった。

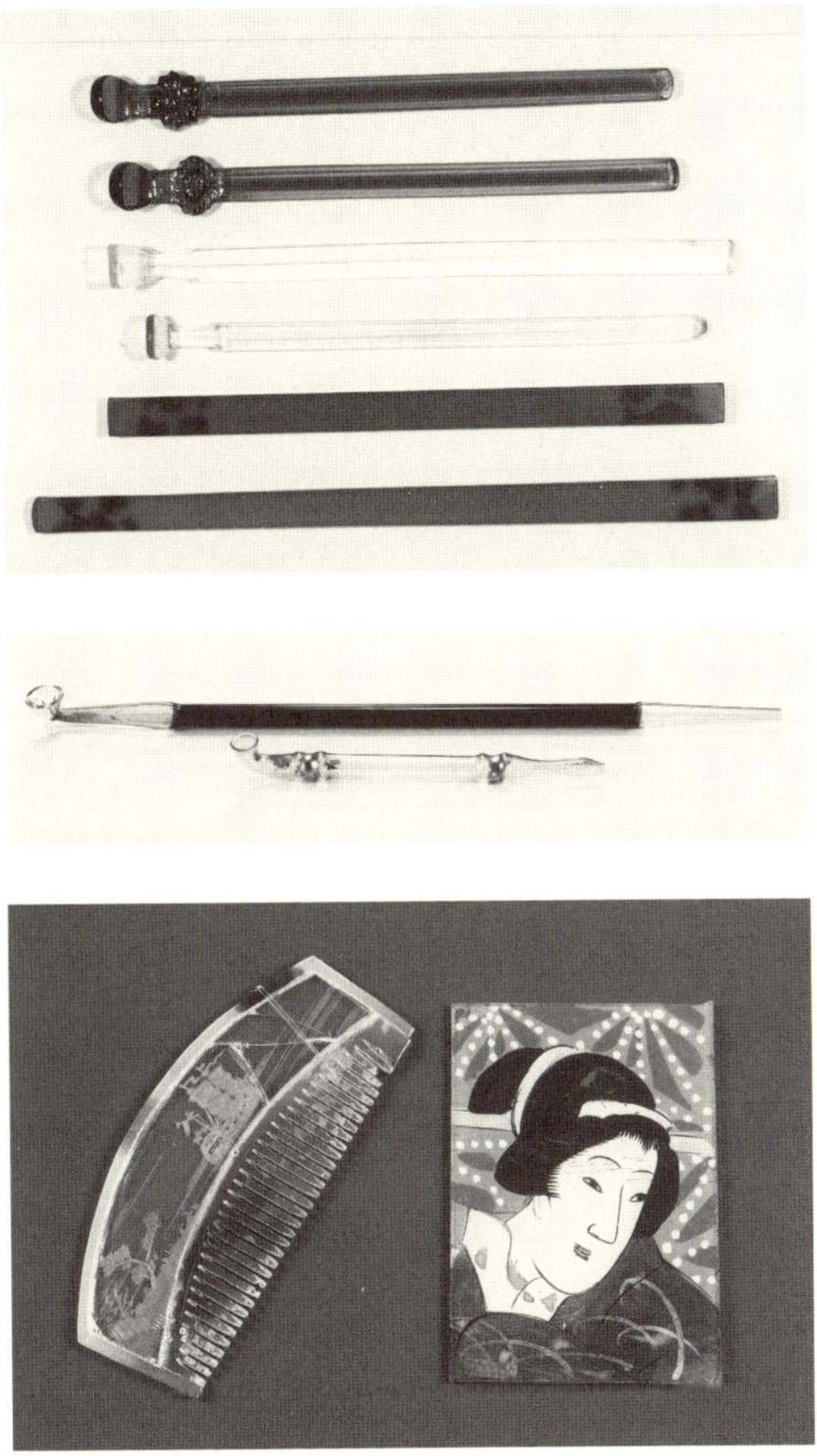

図17　遊女使用のガラスの櫛笄・煙管「ギヤマン簪」「ガラス金彩煙管」「長崎硝子唐船松模様切子細工櫛」（長崎歴史文化博物館蔵）

II

遊女の手紙を読む

一　オランダに遺存する遊女の手紙
――カピタン宛に出すわ、出すわ――

かって、イギリス商館長のリチャード・コックスに宛てた、遊女「たがの」の珍しい手紙を紹介された山本博文氏が「遊女の恋文などは、なかなか残るものではない」といっておられる（「英国人に恋し、振られた遊女のラブレター」『江戸人のこころ』角川学芸出版、二〇〇七年）。

江戸時代に限ってみても、三都をはじめとして、各港街などに遊女は沢山いた。総勢何人などと、数えたてることは、到底できない。

情を交わした相手に遊女が出した恋文、楼主にすすめられて、遊女が出した営業用の手紙など、おびただしいものがあったはずである。『吉原風俗図屛風』に

図１　祇園井特「芸妓文書きの図」（『シカゴ　ウェストン　コレクション肉筆浮世絵――美の競艶――』小学館スクウェア、2015年）

図２　勝川春章「美人按文図」（『シカゴ　ウェストン　コレクション肉筆浮世絵――美の競艶――』小学館スクウェア、2015年）

は、遊女が手紙を書く姿が描かれている。
近頃、筆者が参観した『シカゴ　ウェストンコレクション肉筆浮世絵――美の競艶――』図録にも、祇園井特「芸妓文書きの図」（図1）、勝川春章「美人按文図」（図2）といったような、遊女が手紙を書こうとして文按を練ったり、書いたりしている図を見ることができる。遊女の手紙、おびただしい数にのぼったはずである。しかし、「なかなか、残るものではな」かったのである。

　ところが、鎖国時代のオランダのカピタンに宛てた遊女の手紙が、オランダの古文書館に、なんと百通ちかくも残っていたのである。読んでみないわけにはいかない。紹介しないわけにはいかないと思った。

　それは、オランダはハーグにある国立文書館Nationaal Archiefの日本関係文書のうちのブロムホフコレクションCollectie J. Cock Blomhoffに含まれている（図3）。先にも述べたが、青山学院大学在外研究で満一ヵ年滞在の間、何回も閲覧してきたもので、すでに若干引用、紹介したこともあるが、本書において、あらためて、ブロムホフ文書のNr. 14に含まれる全体を検討してみる。筆者の手許にはマイクロフィルムに撮影された一組の紙焼付がある。これを使用しているため、見にくい部分もある。

まずはNr. 14に含まれる文書をマイクロフィルム撮影紙焼付けの順序に従ってリスト・アップしてみる。

図３　川原慶賀「ブロムホフ像」（「阿蘭陀加比丹竝妻子之等圖」部分）（東京大学総合図書館蔵）

Algemeen Rijksarchief（王立中央文書館・当時）のTweede AfdelingにあるCollectie J.Cock Blomhoffコレクションの Nr. 14は、はじめにLijst en notasとある。ここでは頭部に整理番号を付けてみる。下段の数字は紙焼付の筆者が付けたページ番号である（↓や↑印は、読み進む順序、読めない閲覧者が乱したまま返却し、それを古文書館の出納係も読めないで、そのまま保管しているために生じた乱れである。それを、筆者が順序だててあげたのである）。

1	Owa	2
2	（断簡）	3
3	立よりか様宛	4↓5
4	花よりか様宛（蘭訳付）	6↓8
5	花よりか様宛（蘭訳付）	9↓10
6	たより（わずかに蘭訳付）	11↓13
7	はよりか様宛（蘭訳付）	14↓18
8	花よりか様宛	19↑20
9	花よりか様宛	21↑24
10	花よりか様宛（蘭訳付）	25↑26
11	立より	27
12	萩より花園様宛	28↓29
13	花よりか様宛	30↑31
14	たよりか様宛	32↓33
15	つる・みのよりかひたん様宛	34↑35
16	ひさより花園様宛	36↑37
17	花よりか様宛	38
18	（花ヵ）	39
19		40↑41
20	（カスパル……通詞名の蘭語表記）	42
21		43
22	gentakより通詞衆宛	44
23	（遊女揚代計算書、和文、蘭文両語）	45↓46
24	（断簡）	46
25	萩よりと、ひさより花園様宛と、｝「萩」と「ひさ」同一人	47
26	（断簡）	48↑50
27	（断簡）	51
28	花よりか様（断簡）	52
29	花よりか様（断簡）	53
30	（断簡）	54
31	（Aam den groot……）	55

32	花よりか様宛（断簡）	56
33	（断簡）	57
34	（断簡、花か）	58
35	（断簡）（少々蘭訳付、花か）	59
36	（断簡、花か）	60
37	（断簡、花か）	61
38	（断簡、花か）	62
39	（断簡、花か）	63
40	（断簡、花か）	64
41	（断簡、花か）	65
42	花よりか様宛（断簡）	66
43	（断簡、花か）	67
44	（断簡、花か）	68
45	（断簡、花か）	69
46	（断簡、花か）	70
47	花よりか様宛	71
48	（断簡、花か）	72
49	（断簡、花か）	73
50	花よりか様宛	74
51	（断簡、花か）	75
52	（断簡、花か）	76
53	（断簡、花か）	77
54	花よりか様宛	78
55	（断簡、花か）	79
56		80
57		81
58	（断簡 小紙片）（和文・蘭語、両語）	82
59	花より（蘭語も見える）	83
60	（断簡）（蘭訳付）	84—86（85→86→84の順）
61		87→88
62	（断簡、花か）	89→90
63	花よりか様宛	91←92
64		93

65		94	
66		95	
67	花よりか様宛	96	
68	（断簡、花か）	97	
69	たより	98–101	
70	たより	102–103	
71	花よりか様宛	104–105	
72		106–107	

15号は、江戸の長崎屋の娘つるとみのからカヒタン・ブロムホフに夘月朔日付で贈った一翰で、これはすでに紹介がある（岩生成一「長崎屋源右衛門の娘からオランダ甲比丹ブロンホフ宛礼状」『日本歴史』第二三三号、一九六七年九月、片桐一男「カピタン宛長崎屋の娘の手紙と阿蘭陀通詞」『日本歴史』第四四七号、一九八五年八月）。

17と18号は同一の用紙で続いているものと思われる。

20号には「カスパル……」のメモとオランダ語表記の通詞名がみえる。

22号は大槻玄沢が通詞衆宛に記した依頼状。

23号は遊女屋がブロムホフに出した遊女揚代の計算書で和文と同内容のオランダ語訳が付けられている。これも、すでに紹介したことがある（片桐一男「カピタンと遊女、出島の生活」『SOKEN』Vol.1. 青山学院大学総合研究所、二〇〇一年十一月、片桐一男『出島――異文化交流の舞台――』集英社新書、二〇〇〇年十月再録）。

26号は48から50ページの三ページである。48ページの右半分と49ページの右半分の文は続いた一文である。にもかかわらず、48ページ右半分には「萩ら」とみえ、49ページ右半分の端裏書には「ひさら」とみえる。これにより「萩」と「ひさ」が同一人であることがわかる。

26、27、28号は、ばらばらのものか。もしかしたら続くものであったかもしれない。

33号以降は断簡扱いとしておいた。しかし左下端に一、二、三、四、五と番号が付いていたり、筆跡の似たものが多い。すべての断簡を見合わせてみると、連続すると判定できるものが見い出せるかもしれない。「花」からの筆跡が多いようだ。整理と特定には予想もつかないような日時を要する。

日本人でも難解な遊女の書翰である。古文書館の職員もお手あげだったのだろう。先にも述べたが、まえの閲覧者が読めないまま、乱して返却していたため、毎回、閲覧請求のたびに順序が乱れていて、判別し順序立てするのにいつもひと苦労だったことを思い出す。本書において作成したこのリストによって、ハーグの国立文書館における出納もスムーズになることであろう。

右のリストを作ってみたことによって判明したことを確認しておきたい。

断簡はさておき書翰の宛先はすべてブロムホフである。年月日の記載はほとんどみられない。ブロンホフが商館長＝カピタンとして在任した期間は一八一七年（文化十四）～一八二三年（文政六）であるから、この期間に属するもので史料として十分使用に値する。

宛先として「か様」「花園様」とみえるのはブロムホフのことである。

差出し人としての遊女名は「Owa」「立」「花」「は」「萩」＝「ひさ」「た」の六名を数える。

このうち「た」は「立」かもしれない。「は」は「萩」と同一人かもしれない。萩とひさが同一人であることはすでに述べた。さらに「萩」はブロムホフが最も愛した「糸萩」ではないかと考えている。ブロムホフは糸萩も含めて六名の遊女を呼び寄せていたことがわかる。六名のうち花の手紙が最も多く、十九通を数える。糸萩と別人であるとすれば、ブロムホフが馴染深く思っていた遊女として新たに「花」の名が注目される。断簡が多く、筆跡鑑定が進めば、花からの来翰数が増えるであろう。ここでは、とりあえず、はっきりと名を明記しているもののみで集計してみた。

さて、このような遊女からの手紙を、使者（おそらく小使、禿、もしくは頼まれた飛脚屋の手によって）から届けられ、手にしたブロムホフは読めたのであろうか。全く読めなかったであろう。ではどうしたか。一切、阿蘭陀通詞の訳読に頼らざるを得なかったわけである。カピタンをはじめとするオランダ人にとっても、日本人遊女にとっても、阿蘭陀通詞が居てくれなかったら、手も足も出ないのである。だから、通詞が出島の主であったような気もするのである。

通詞が、主要な単語や語句にオランダ語を添え書きしてブロムホフに知らせている様子を、4、5、6、7、10、23、35、58、59、60の十通の手紙にみることができる。単語や語句に付けられたオランダ語をみると、これだけで、手紙の内容が十分に理解されたとは思われない。したがって、さらに通詞が口頭でもブロムホフに説明してあげたはずである。蘭語訳の付いていない手紙が多数保存されていることによって、通詞が口頭で訳してあげたり、説明してあげていたであろ

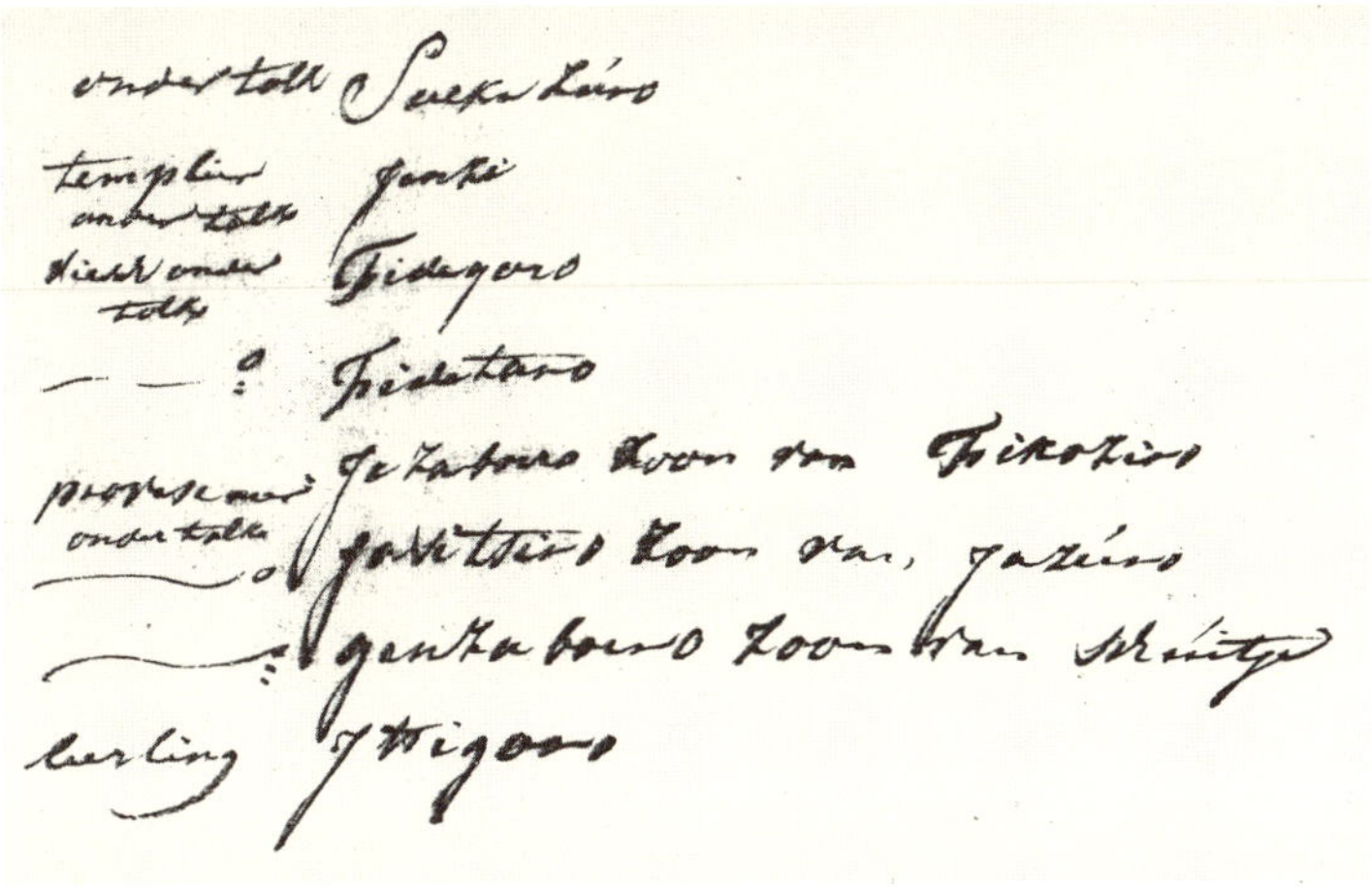

図４　第 20 号裏文書（通詞名）（ハーグ　国立文書館蔵、片桐一男撮影）

うことが、ますます、はっきりする。文意がわかり、理解できたからこそ、もらった手紙をオランダへ持ち帰り、大切に保存していたものと察せられるからである。

ブロムホフが頼りにした通詞は、誰であったであろうか。そこで注目したいのが、20号の裏文書として書き留められている通詞名である（図４）。まず、文面通り、書き取ってみる。

onder tolk	Soeke Zúro
templeer onder tolk	Jenzi
Viesch onder tolk	Fidegoro
〜 =○	Fidetaro
Provisioneer onder tolk	Jezaboero Zoon van Fikoziro
〜 =○	Jasitsiro Zoon van Jazúro
〜 =○	Genzaboero Zoon van Schúitje
leerling	Jtsigoro

これを次のように読み取って、通詞名を宛ててみる。

小通詞　Soekezúro（助十郎）
小通詞助　Jenzi（円治）
小通詞並　Fidegoro（秀五郎）
小通詞並　Fidetaro（秀太郎）
小通詞末席　Jezaboero（家三郎）　Fikoziro（彦四郎）の息子
小通詞末席　Jasitsiro（弥七郎）　Jazúro（弥十郎）の息子
小通詞末席　Genzaboero（源三郎）　Schúitje（周一）の息子
稽古通詞　Jtsigoro（市五郎）

の八名である。今後、注目していかなければならない通詞たちということになろう。

長崎の「諸役人帳」等で検索して、八名の職階をみると、小通詞、小通詞助、小通詞並、小通詞末席、稽古通詞であるから、若い通詞たちであることがわかる。正規の大通詞、小通詞たちは貿易業務や、長崎奉行所と長崎会所やオランダ商館の間に立って貿易、外交、文化交渉の通弁・通訳業務に多忙であった。したがって、私的な通弁・通訳業務についてブロムホフが若い通詞たちに依頼するところの多かったことがこれで察せられる。正規のベテラン通詞たちの子息たちが多く、家業・家学を受け継いだ有能な若い通詞たちであったと察せられる。

右のうち、たとえば、Jazùro は大通詞の岩瀬弥十郎である。子息の弥七郎とともに年番通詞や江戸番通詞をつとめたこともあり、鷹見泉石など江戸の蘭学者たちとも交流のあったベテラン通詞であった。

二　遊女は手紙魔か

――蘭語訳付き遊女の手紙は語る――

さて、いよいよカピタン・ブロムホフに宛てた遊女の手紙を読んでみたいと思う。しかし遊女の手紙の判読は難しい。もともと、女手の文字は判読が難しい。加えて、ここに登場する長崎の遊女たちの手紙には、遊女特有の言葉遣いに加えて長崎の方言が加わっている。送りがななど、勝手な表記をしたり、宛字をしている場合も多い。宛名・差し出し人名ともに当事者同士はわかりきっていることであったため略称や略記ですませている場合が多い。文中にみえる人名も略称・略記されている場合が多い。物品名などについても同様のことである。これらのことが文中に頻出しているために戸惑うこと頻りである。失考している場合があるかもしれない。大方の御寛恕を請いたい。

まず、蘭訳文（オランダ語単語や語句）の付けられているものを二、三読んでみよう。

全文をオランダ語訳されたものは一通もない。蘭訳単語か語句が付けられているだけである。書かれた通りの文字を読み取って記し、その右に（　）付きで、判読し直してみる。そのうえで、その語もしくは語句に付けられた蘭訳語（もしくは短文）を右に添えて記してみる。

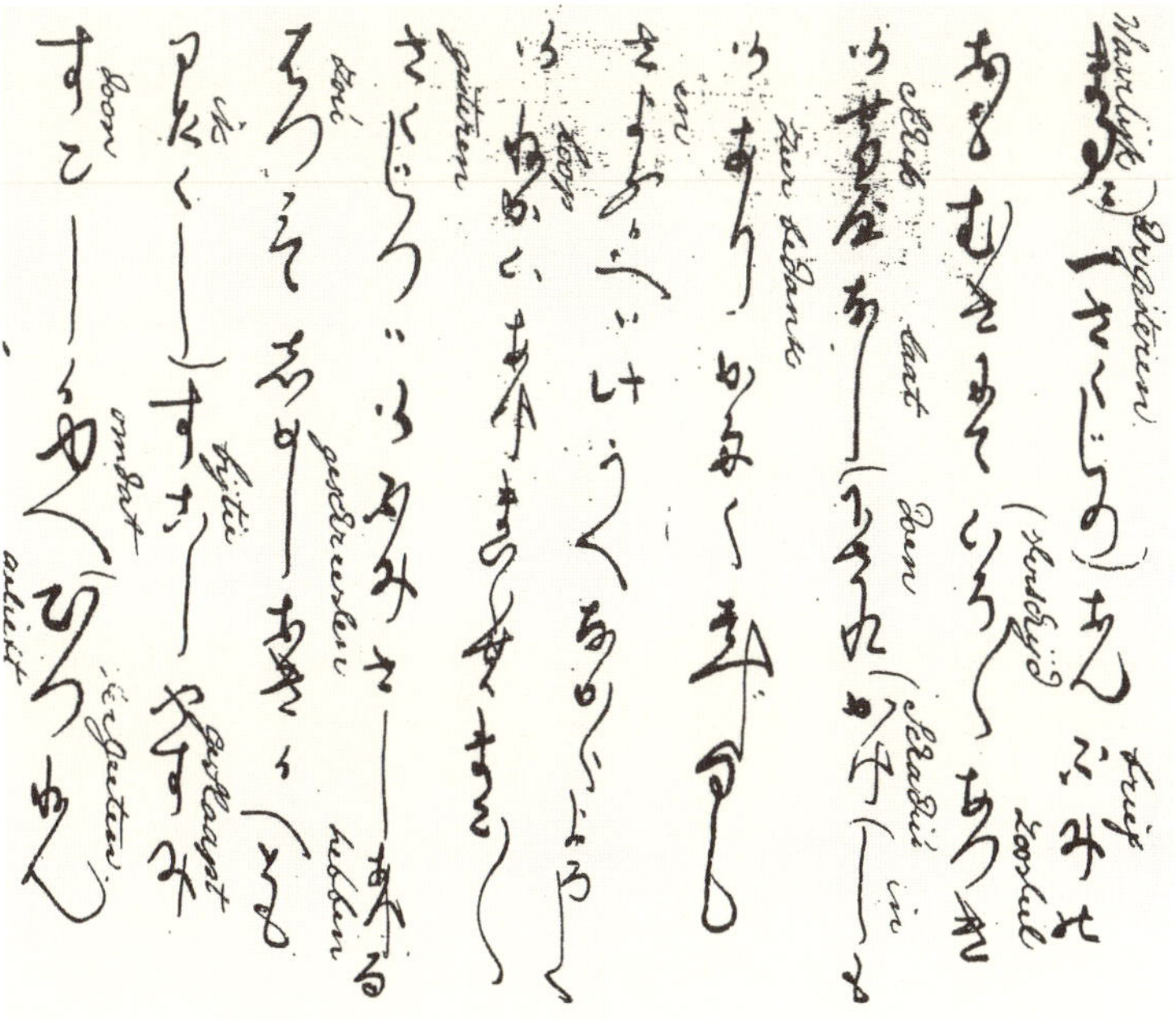

図5　第60号文書（ハーグ　国立文書館蔵）

第60号（図5）

Waarlijk Ergisteren brief
ま事(眞)ニ 一さくじつ(昨日)の おんふみ(御文)の
Verschijd Zooveel
おもむき(趣)にて いろ〳〵 あつき(厚き)
Schik laat doen Schadiü in
おせわ(お世話)様なし下され かけ しも
Zeer bedank

御ありかたくそんじまいらせ候
en

さよふ候へハ 此うへなから よろしく
hoop
御ねかい(願い)あけまいらせ候 また〳〵

gisteren
さくじつ(昨日)ハ 御ふみ(御文)さしあける(差し上げる)
zoü geschreeven hebben

はつニてしめしおき候へとも
ik bijtie geslaapt
わたくしすこしやすみ(休み)
door omdat vergeeten
すこし(過ごし)候ゆへ ひつねん(失念)

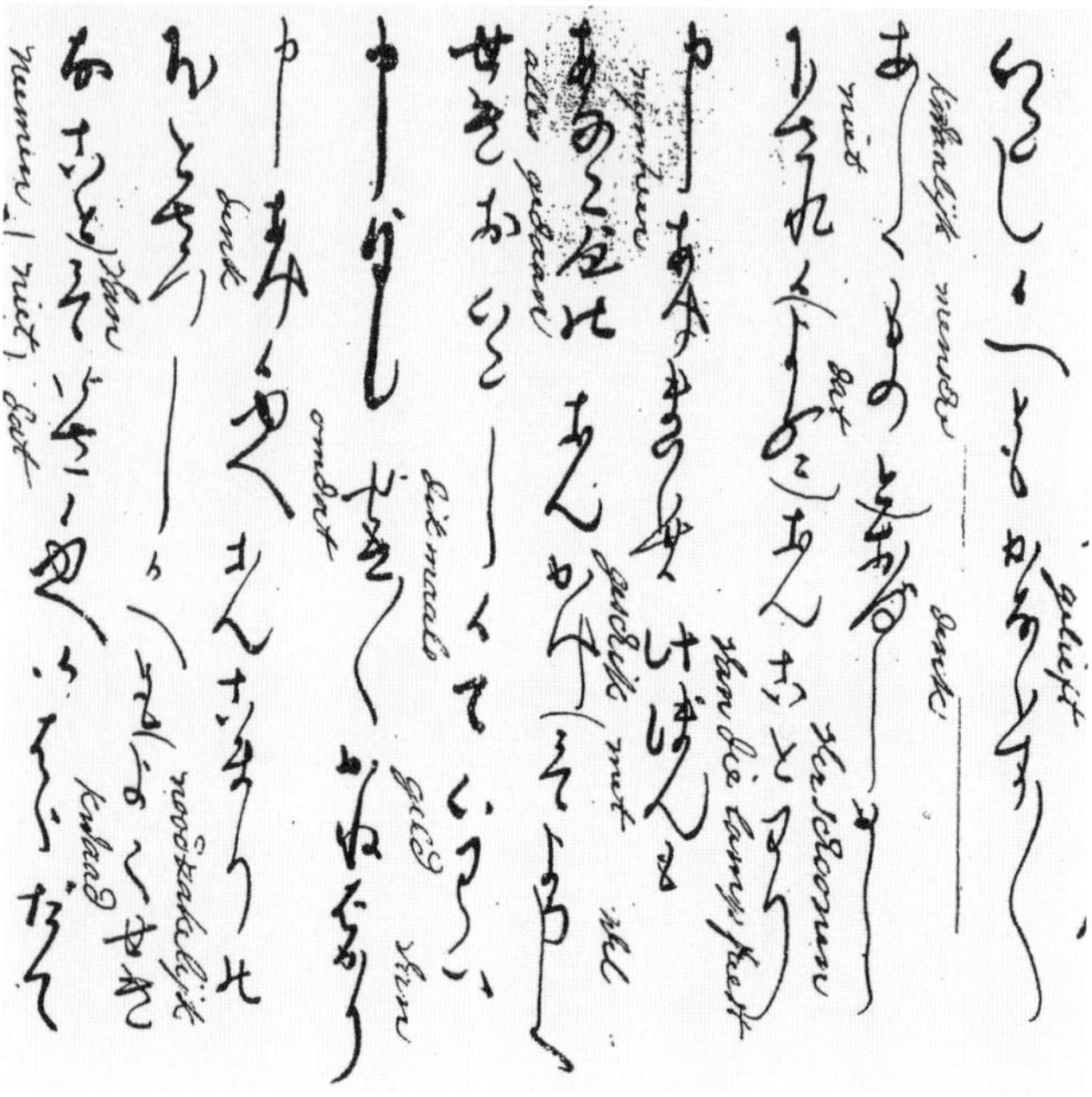

gelieft

いたし候へともかならすく(必らず)

kwarlijk mensche denk

あしくもの(悪しきもの)とおほしめし(思し召し)

niet dat verschoonen

下され候よふニ(まじく)おんことわり

Van die lamp feest

申しあけまいらせ候此ぼん(盆)も

mijnheer geschik met wel

あなた様のおんかけニて(お陰にて)よろしく

alles gedaan dik maals

せきお(席を)いたし(致し)候ていわい(祝い)

geld van

申まいらせ候せきくかねばかり(金ばかり)

omdat

申あけ候ゆへおんこまりの(御困りのほど)

denk noodzakelijk

不と(ほど)さつし(察し)候へともよくせき

van kwaad

おこと(を)ニて御さ候ゆへ御はらだて

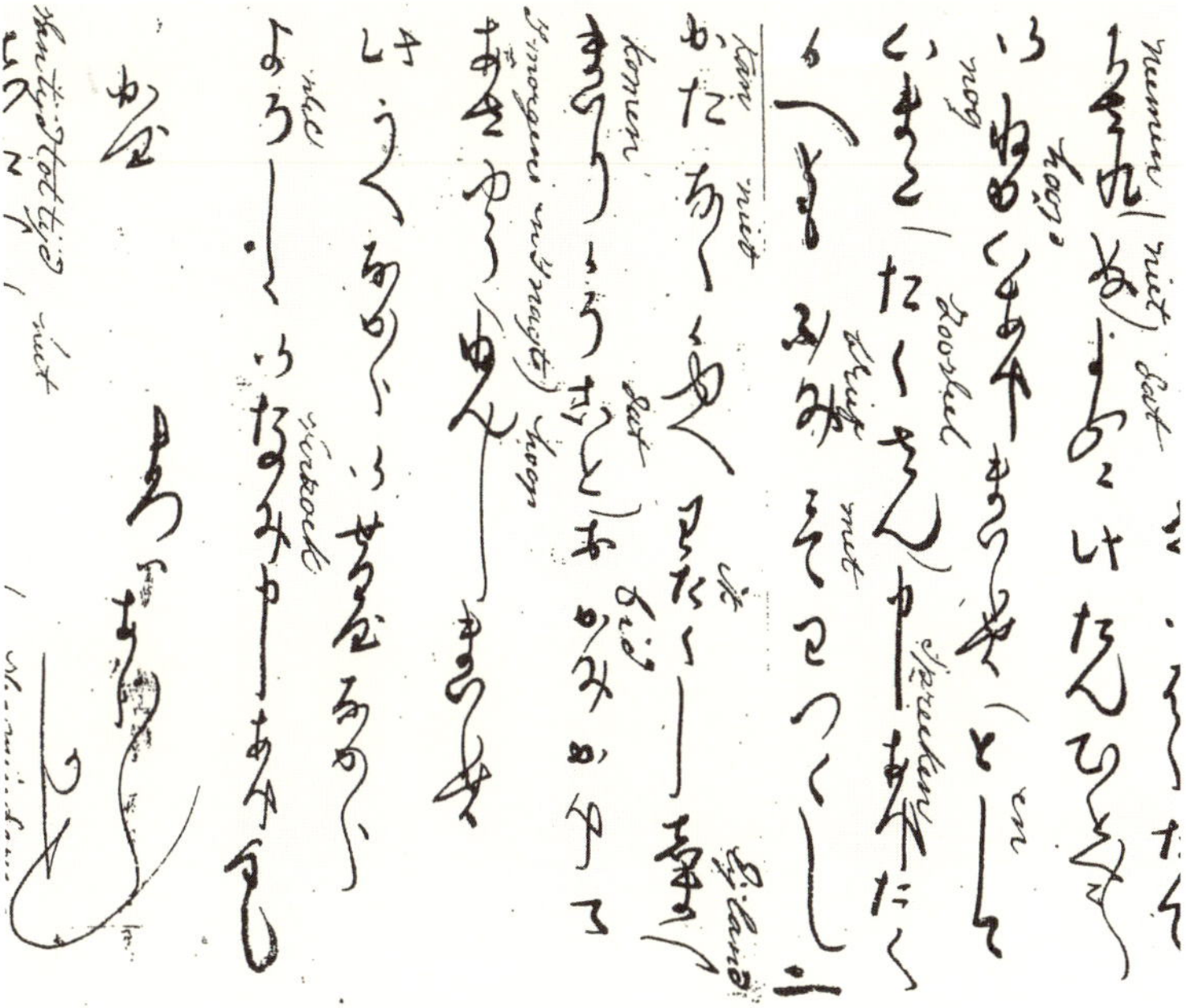

neemen niet dat

下されぬよふ二 此たん(段) ひとへ二く

hoop en

御ねがいあけまいらせ候 と(そ)して

nog zooveel Sprecken

いまたたくさん申あけたく

brief met Eijland

候へとも ふみ二て(文にては) わつくし二(尽くしがたく)

Kan niet ik

かたなく候ゆへ わたくししまへ(島＝出島)

Komen dat bid

まいり候うことお(参り候事を) かみかけて(神かけて)

'Smorgens en 'Snagt hoop

あさゆう(朝夕) ねんしまいらせ候(念じ参らせ候)

此うへなから御せわ様なから

wel Verzoek

よろしく御たのみ申あけまいらせ候

か様

まつハ あらく

かしく

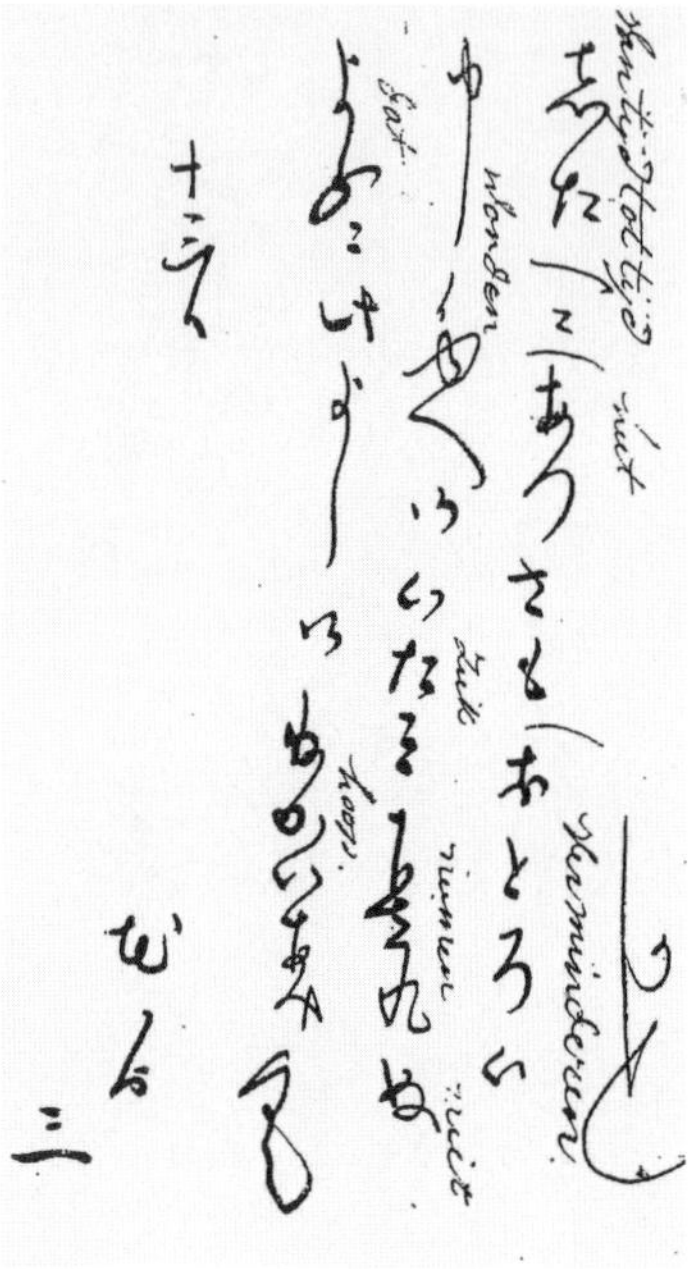

Van tijd tot tijd　heet　vermurderen
（次第に）　（暑さも）　（衰え）
したへニ　あつさも　おとろい
worden　ziek　neemen
（御痛み）
申し候ゆへ　御いたミ　下されぬ
niet dat　hoop
よふニ　此よし　御ねかいあけまいらせ候
十三日　花より
三

60号は、遊女・「花」から「か様」（カピタン・ブロムホフ）に宛てた手紙である。通詞が一語一語、オランダ語訳を付けている。文面によると昨日、カピタンから手紙をもらったらしい。その御礼を述べ、昨日手紙を差し上げるつもりのところ、（体調がよくなかったらしく）臥せって休んでいるうちに失念してしまったらしい。悪くおもわないで下さい、と詫びている。

「盆の席」をして「祝」うことができた。花がカピタンにおねだりして援助してもらっていたらしい。御礼を述べている。「お金」のことばかり申し上げ「お困り」と「察し」てはおりますが、「お腹立」てにならないようにと、「お願い」している。

と「しま（＝）出島」へ、（呼んでもらって）行くことばかりを「神かけて、朝夕、念じて」いる、と申し送っている。

遊女がカピタンの世話になっていることがわかる。出島に呼んでもらいたい、と、こんな営業上の手紙を出している。

これを商売熱心と、読み取るか、それとも遊女屋の楼主に強いられて遊女がこのような文面の手紙を出しているのだ、と読みとるか、判断の分かれるところであるかもしれない。

ところで、繰り返しになるが、本文の後段で、「わたくし　しまへ　まいり候うことを……」といっている。わたくし（遊女花）が、「しま、（＝島＝出島）」へ「まいり候うこと（＝行くこと）」を、神かけて念じている、といっているのである。

右の「まいり候」は「行く」という意味で云っているところである。ところが、ここに通詞は「Komen」とオランダ語訳を付けている。「Komen」は「来る」という単語で動詞である。「行く」なら「gaan（＝行く）」と書きたいところであるが、反対にKomenと訳を付けている。これはどうしたことか。同様の表現は61号にもみえている。61号で、まとめて考えてみよう。

表記で気になるものがある。「御さ候」と「御」に濁点「゛」を付けて「ご」と読ませている。また、遊女たちが「しま」というと、「出島」を指していることがこの手紙でわかる。

次に61号（図6）を読んでみよう。

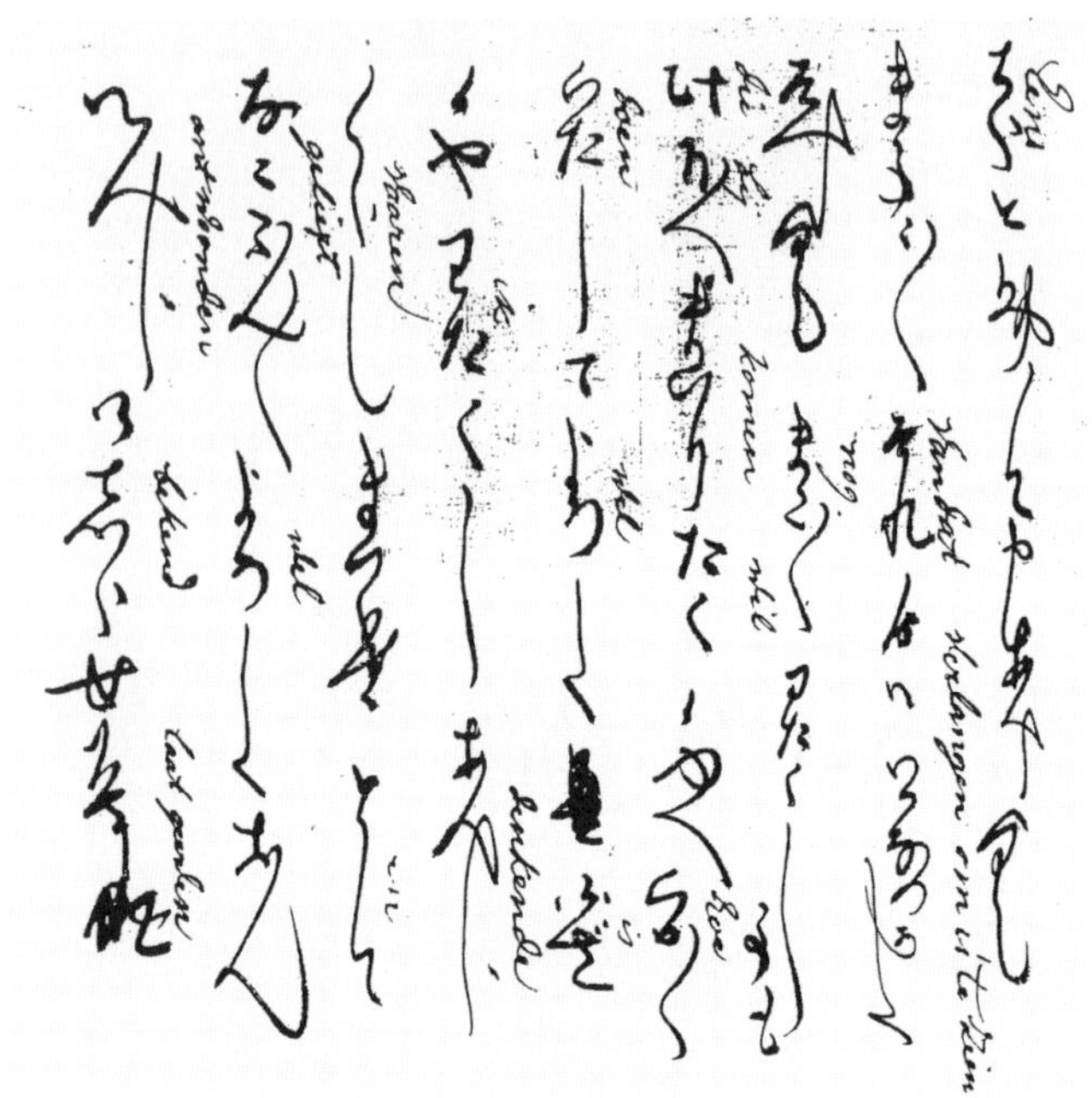

図6　第61号文書（ハーグ　国立文書館蔵）

第61号（図6）

Eens
ちらと文して申あけまいらせ候
Van dat　verlangen om ú te zien
(誠に〳〵)　(それよりは)
ま事ニ〳〵　それ占ハ　御なつかしく
nog
(存じ)
そんしまいらせ候　またく　わたくし事も
die bij　komen wil　hoe
(此の方へ)(参りたく)
此不へ　まいりたく候ゆへ　いかく
doen　wel　is

いたしてよろしく御ざ
ik　denkende
(案じ)
候や　わたくし　あんじ
vaaren
(暮し)
くらしまいらせ候　とて
gelieft　wel　antwoorden
(御存じ)
なにふん〳〵　よろしく　おん
bekend laat geeven
そんじ御しらせ下され

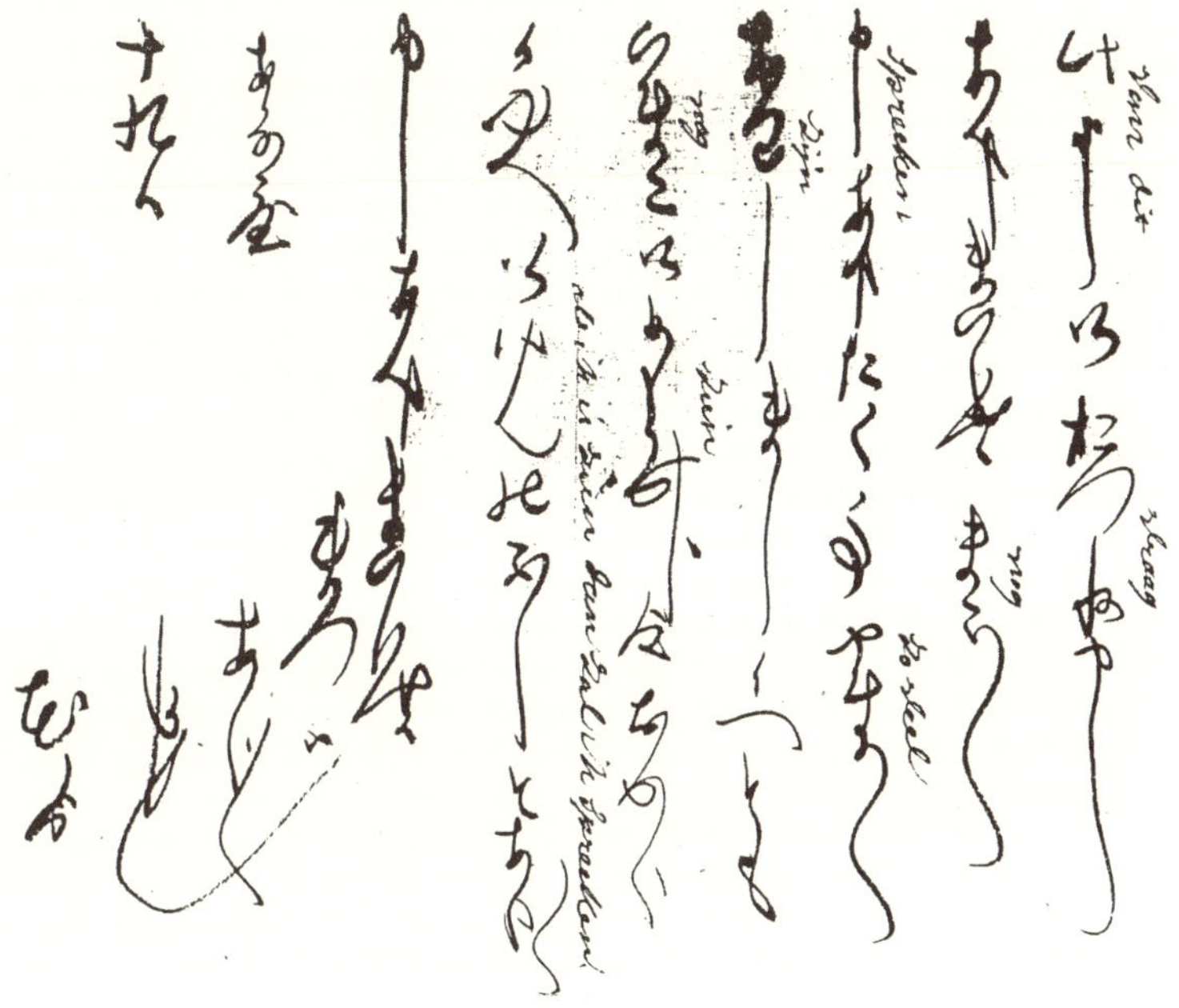

van dit　vraag
此よし 御たつね（御尋ね）申し
nog
spreeken
あけまいらせ候 またく（まだまだ）
spreeken　zoveel
申あけたく事（申し上げたき事）やまく
zijn
おわしまし候へとも
nog　Zien
いまた 御めもふじ様（御目文字）なから
als ik ú zien dan Zal ik Spreeken
候ゆへ 御けんのふしと（御見の節と）あらく
申あげまいらせ候

まつハ

あらく

かしく

あなた様

十九日

花ら（より）

61号は、同じく「花」の「あなた様（＝カピタン・ブロムホフ）」に宛てた手紙。出島に呼んでもらいたい、と認《したた》めた営業上の手紙のようだ。会ったばかりにもかかわらず、「おなつかしく」「まいりたく」（あなた様のことを）「案じ暮し」ているので「御しらせ下され」るよう「御尋ね申しあげ」と催促している。ここでも、商売熱心とみるか、楼主に強いられて、このような手紙を書いているとみるか、深読みの仕方は分かれるところであろう。

61号でも、60号でみたと同じような表現のあることに話を戻そう。

「花」が「あなた様（＝ブロムホフ）」に対し、「わたくし事も」「此の不へ（＝この方へ）まいりたく」といっている。「この方へ」というと、遊女「花」の居る丸山の方へ、というような表現になってしまうが、文意は、カピタンの居る出島の方へ、ということである。そして、「まいり」だったら、「行く」という意味の言葉を用い、「行く（＝gaan）と書きたいところである。ところが、通詞は「bij komen wil」とオランダ語訳を付けている。単語の意味からだけでは「（あなたの）そばへ来るつもり」ということになる。しかし、表現しようとした意味は「（あなたの）そばへ行くつもり」という意味である。オランダ人の日常的な慣用表現である。通詞がうまく訳語を付けてくれていることになる。

筆者も、在蘭一ヵ年の間に経験がある。市電（tram路面電車）に乗っていたときのこと、うしろのドアから、あたふたと乗り込んできた中年の男性が電車の前の方の運転席に居る運転士に向かって、イツコンベイユ！

と、大声で叫んだことがある。これをオランダ語に表記してみると、Ik kom bij U! となる。料金を支払いに前の方へ行く、とでも、急いで知らせようとしたシチュエーション（状況）である。変化した動詞「コンkom」の原型は「komen来る」である。単語の意味からすれば「私はあなたのそばへ来る」ということになるが、慣用的な表現の文意は「私はあなたのそばへ行く」という意味で、さしずめ、「おれ、そっちへいくからな！」とでも、大声で叫んでいるわけである。こんな、オランダ人の慣用的表現を知っていて、訳語を書き添えることができたとなると、この通詞なかなかのベテラン通詞といわなければならない。

いずれにしても、60号、61号二通のような文面に類する営業上の手紙と思われるものが多い。出島のオランダ人と遊女との関係や様子が察せられる典型的な好例と受け取れそうである。

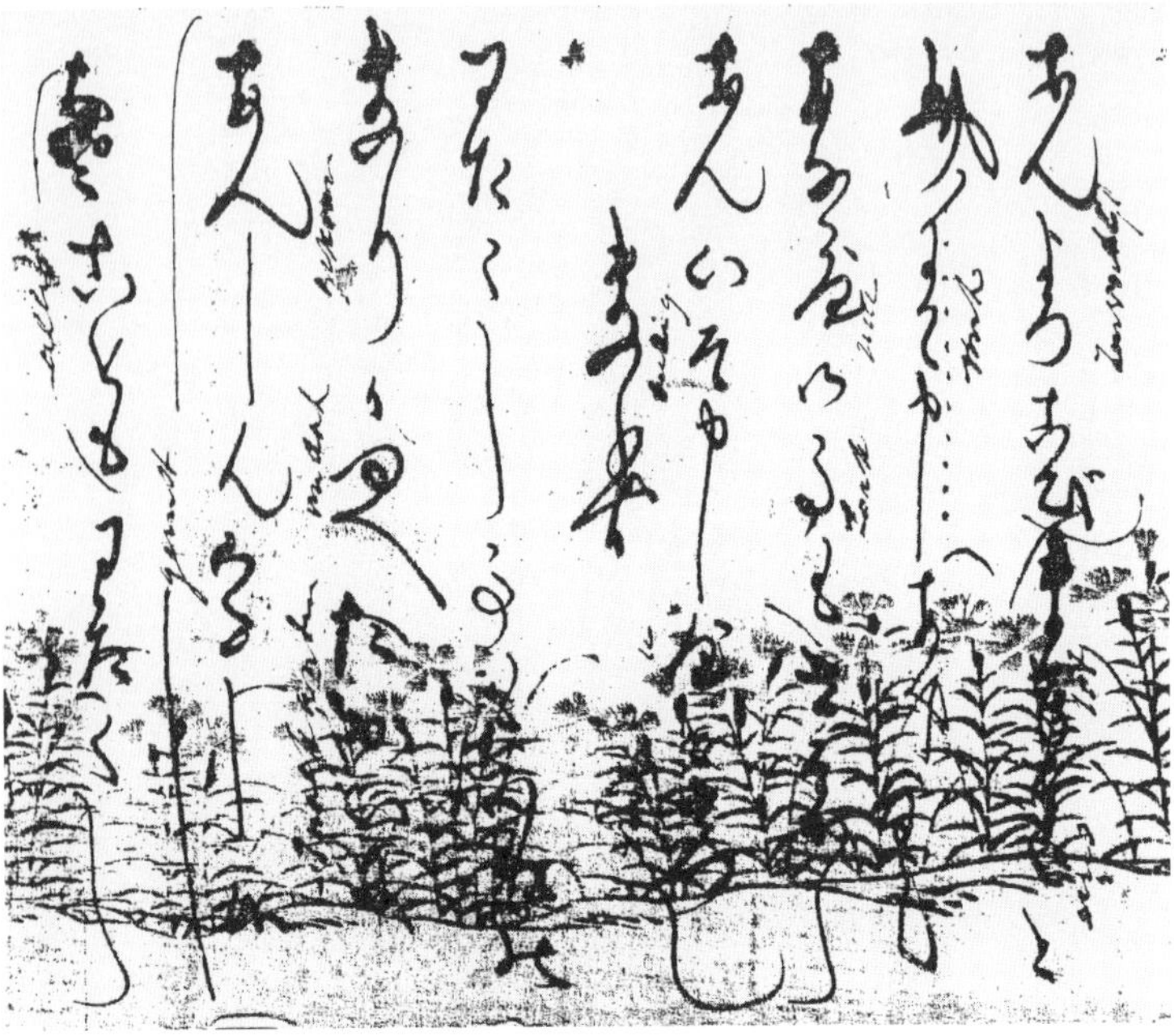

図7　第5号文書（ハーグ　国立文書館蔵）

第5号（図7）

Zeerviendelijk

おんよろこびまいらせ候と

□

文にて申あけまいらせ候

uwe　zaak

あなた様御事も　さそ《(ぞ)》かし

おんいそ《(御忙し)》申《(かヵ)》し様と　さっし《(察し)》

□

まいらせ候

わたくし事も　あれの

なり候ゆへ　たかいに《(互に)》

van dat gekomen

あんしん《(安心いたし)》いたし

geweest

なニことも《(何事も)》わたくし《(私)》

alleen

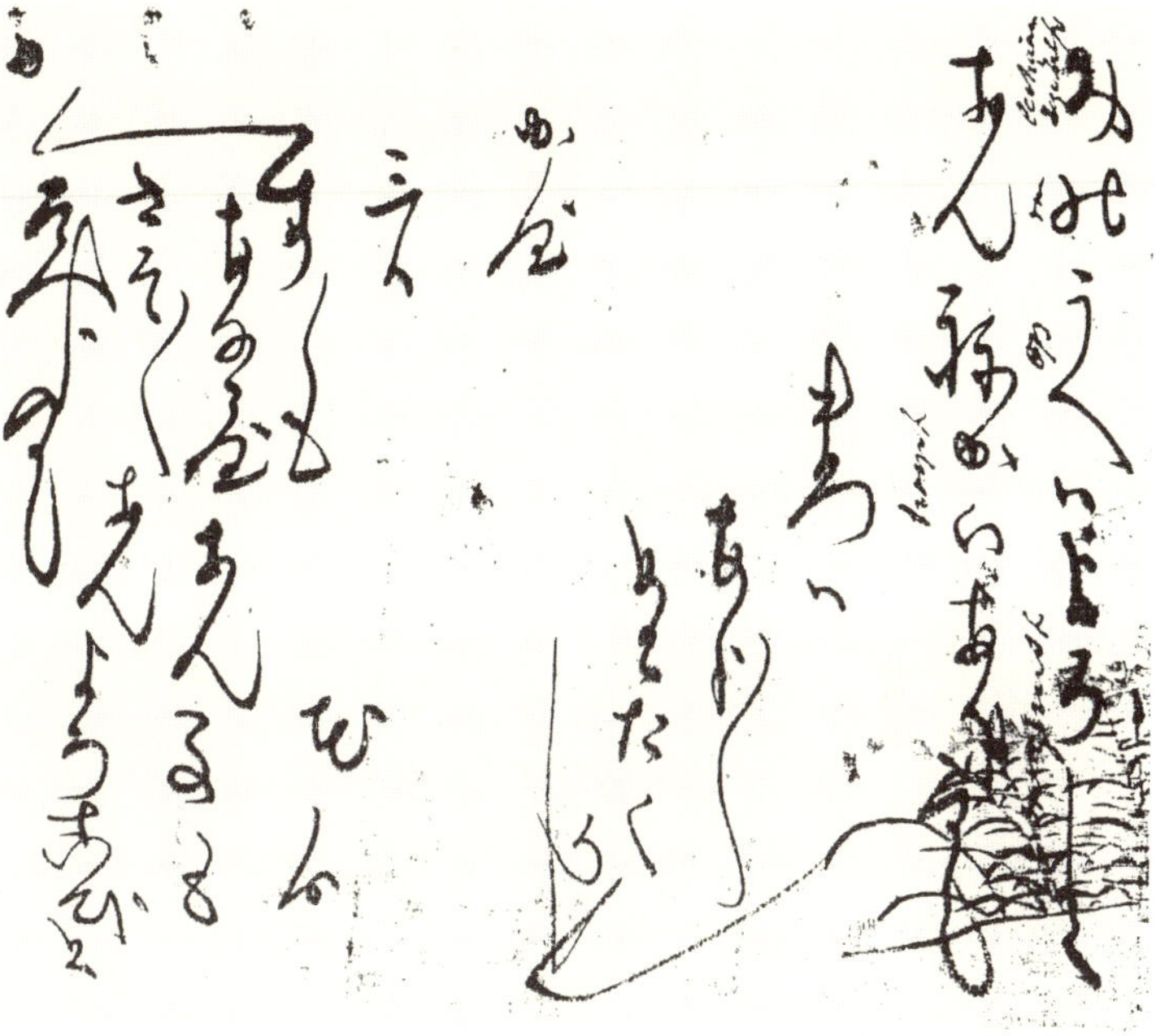

みのうへ(身の上)ハよろしく an do geweest

おんねがい(御願い)あけまいらせ候 hoopt

まつハ

あらく〳〵

めて(で)たく

かしく

か様

三日　　花ら(より)

かへすく〳〵すも

あなた様おん事も

さそく〳〵おんよろこびと

そんしまいらせ候

5号も花よりの一通。「身の上」のことを「お願い」している。たった、それだけのことを、わざわざ手紙に認《したた》め、使いの者に持たせ、届けさせたのである。これに類するような手紙も多い。これらの手紙によって、遊女が自身の身の上相談をカピタンに聞いてもらっている。このような文面の多いことも判明する。

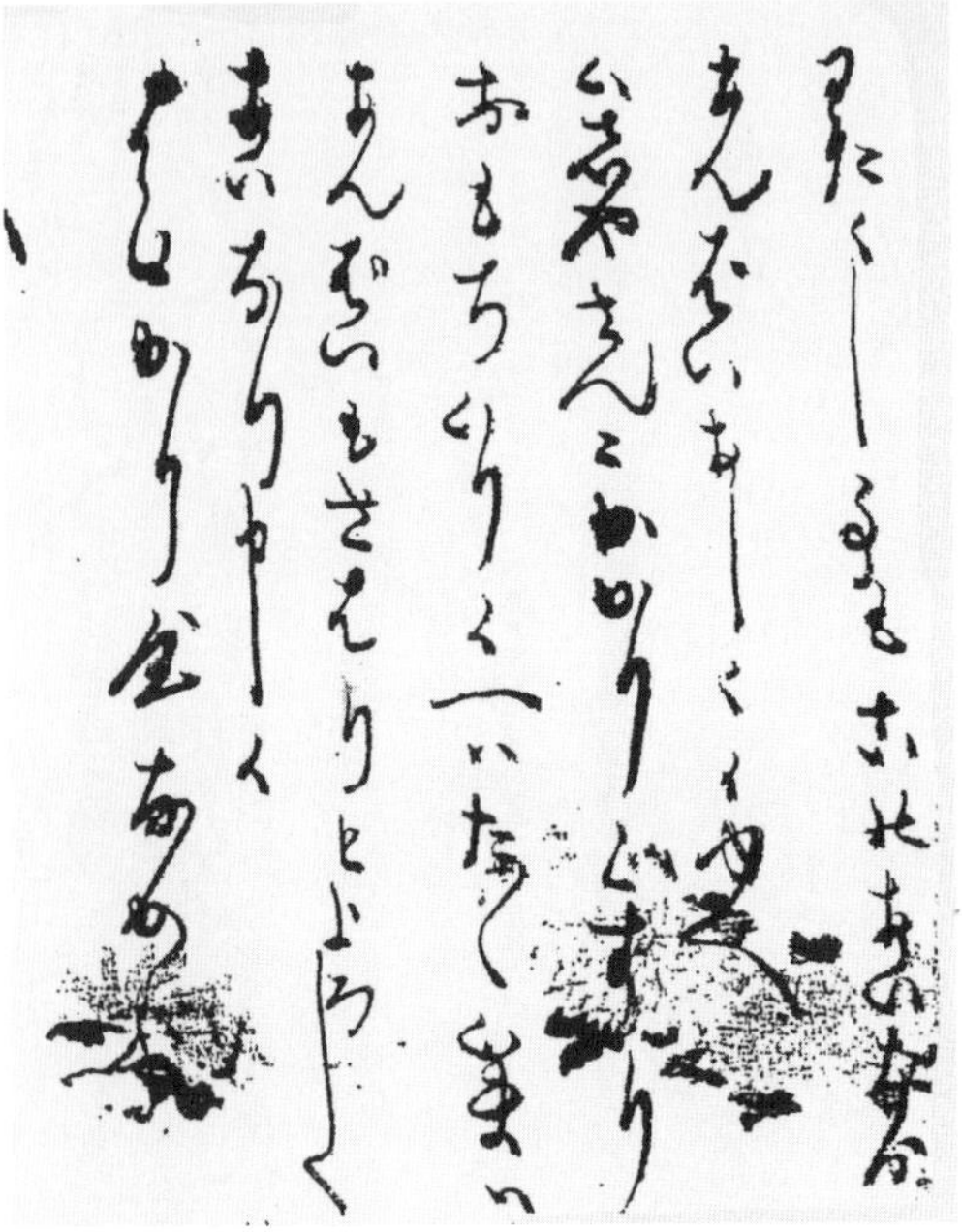

図８　第６号文書（ハーグ　国立文書館蔵）

第6号（図8）

わたくし事も（は）このあいた（だ）ゟ（より）
あんばいあしく（按配悪しく）候ゆへ
いしやさん（医者さん）ニかかり くすり（薬（を）用いり）
おもちいり候へハ（=服用していたら） たゝいまハ（唯今は）
あんばいも（按配も） さはりと（さつぱりと）よろしく（よろしく相なり申候）
あいなり申候
はゞかり様（憚り様）なから

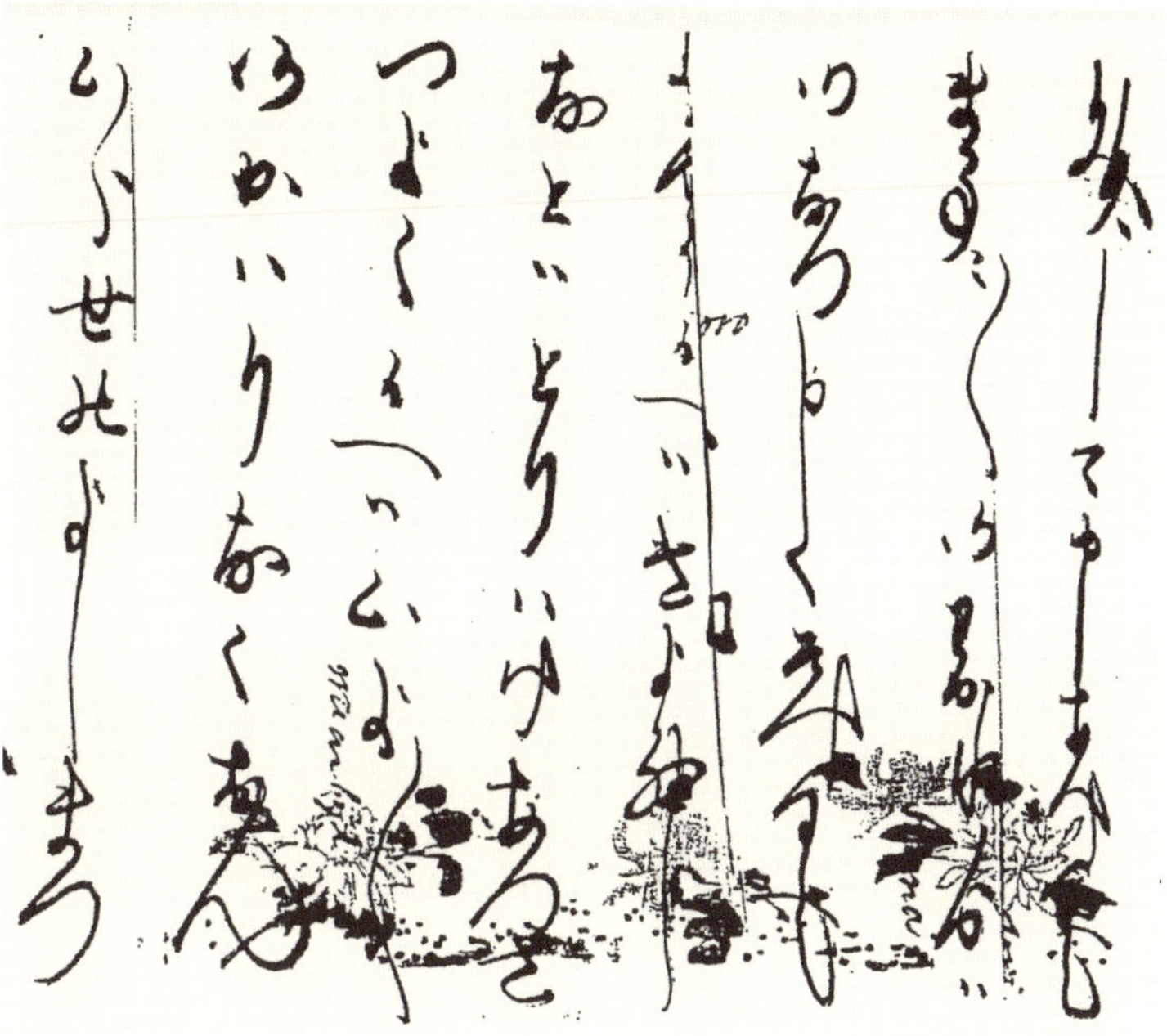

文して申しあげまいらせ候
ま事ニ《真事に》く御わかれ占《より》ハ
Vanaf
御なつかしく《御懐かしく》そんじまいらせ候
□候へハさよふ申し
なとハ　とりハけ《取り分け》あつさ《暑さ強く、》
Waarlijk
つよく候へハ　いよく
御かハりなく　おん《御居らせ》
いらせのよし　まつ《まず》

とや めてたく《(めでたく)》そんし《(じ)》まいらせ候
またく〵 きりものわ《(は)》
せんばん《(千万)》 ありかたく《(有り難く)》
文にて ちらと cen□ おん《(御礼まで)》
ていまて申しあけ《(げ)》
まいらせ候
十五日わ《(は)》いか〵
ふね《(船)》ニ御いて《(御出で)》なされ

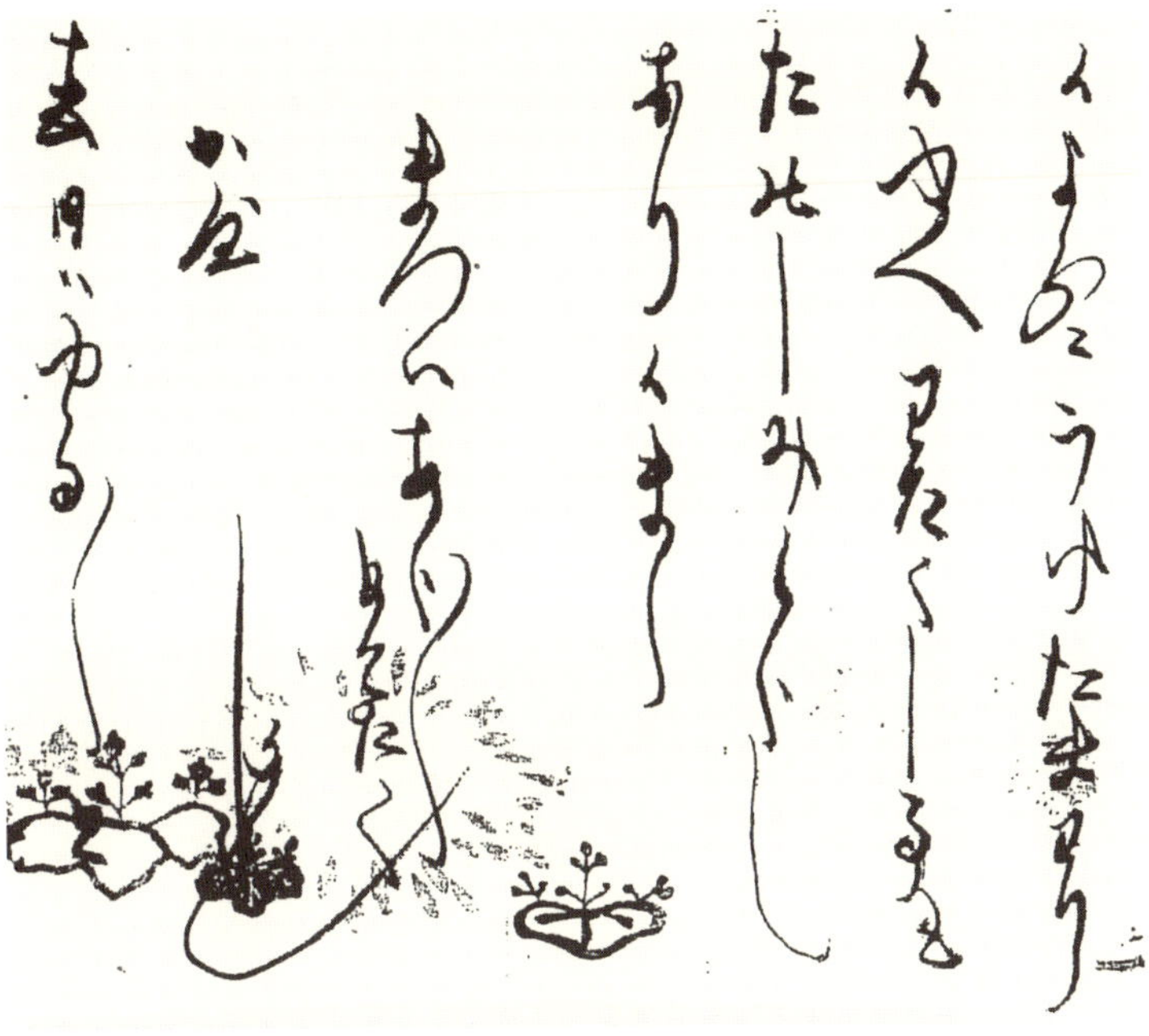

候よふニうけたまわり
候ゆへ《え》わたくし事も
たのしみくらし
おり候まゝ
まつハあら〳〵
めて《で》たく
かしく
か様
十五日ハゆる〳〵

御めもふじ（御目文字）いたし
候て いろ〳〵御はなし
いたしまいらせ候

たゟ（より）

6号は、遊女「た」より「か様」に宛てた一通。通詞が少しだけオランダ語訳を付けている。ということは、大部分の文意は通詞が口頭でカピタン・ブロムホフに説明してあげたものと察せられる。

「按配」が「悪しく」「医者」にかかり「薬」をもらって、「唯今」はもう「さっぱり」よくなった、と報告している。早速、「おなつかしく」と、営業に取りかかっている。

カピタンからもらった「きりもの」の礼を「千万ありがたく」と礼を述べている。

「十五日」はカピタンが「ふね（＝オランダ船）」に行く予定の日のようで、「た」も「たのしみ」にしている、といっているから、見送りにでも行って、その時に会う、という算段のようである。

それとも、花もオランダ船へ行って、何か（営業だろうか？）しようと、考えているのかもしれない。遊女「た」が「按配」が悪かったといっているのは、単なる過労による疲れだったのか。それとも、何か、重い病気持ちであったのか。これだけではわからない。

三　遊女の手紙、通詞が伝える
――カピタンの気持ち、遊女の心、楼主の思わく――

もう少し、通詞がオランダ語を添えた遊女の手紙を読み込んでみよう。

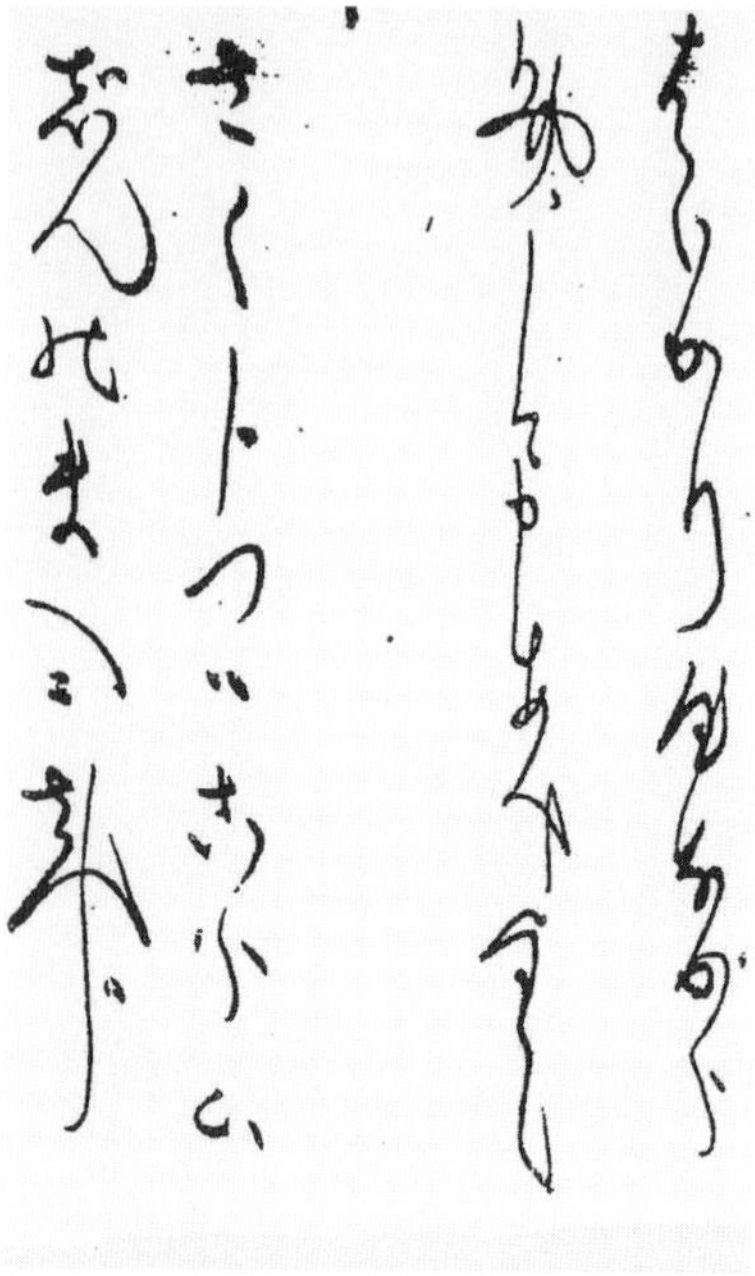

図９　第７号文書（ハーグ　国立文書館蔵）

第7号（図9）

はゞかり様ながら

文して申あけまいらせ候

さくじつハ《(昨日は)》 こらい《(高麗人)》

じんのまへ ニさんじ《(参じ)》

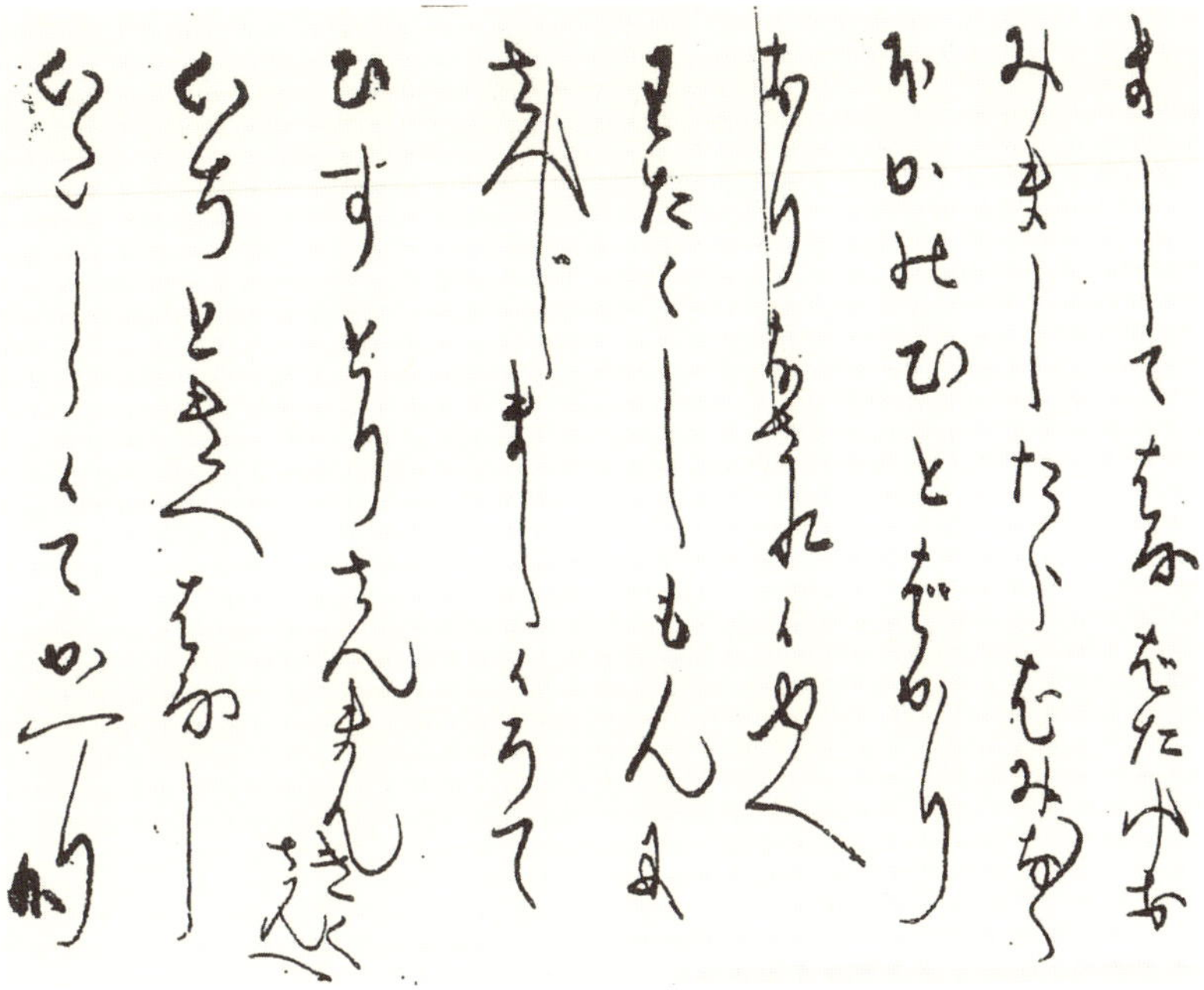

ましてはなばたけお《(花畑を見ましたらば)》
みましたらば みなく《(皆々)》
ほかのひとばかり
おりなされ候ゆへ
わたくしもん《(門)》に
さんじまし候ろて
ひすとりさん《(ヒストリさん)》まてきくさんへ
いちときへ《(一時に)》はなし《(話し)》
いたし候て かへり《(帰えり)》候

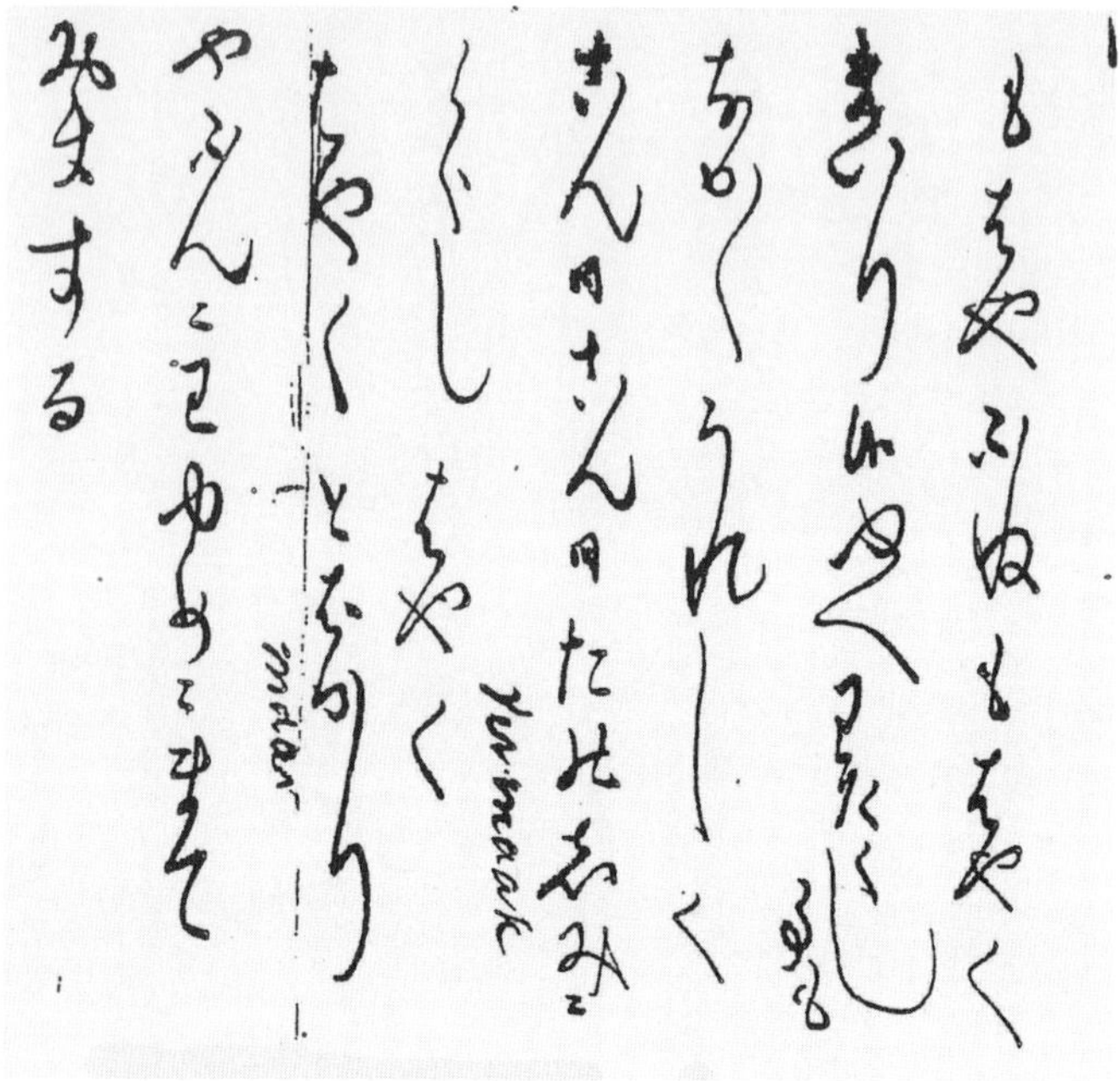

もはやふね(船)もはやく
まいり候ゆへ わたくし事も
なか〱うれしく
こん日(今日)こん日(今日) たのしみ(楽しみに)ニ Vermaak
くらし(過し) はやく
はやくとばかり maar
やふん(夜分には)ニわ ゆめ(夢)ニまて(で)
み(見)まする

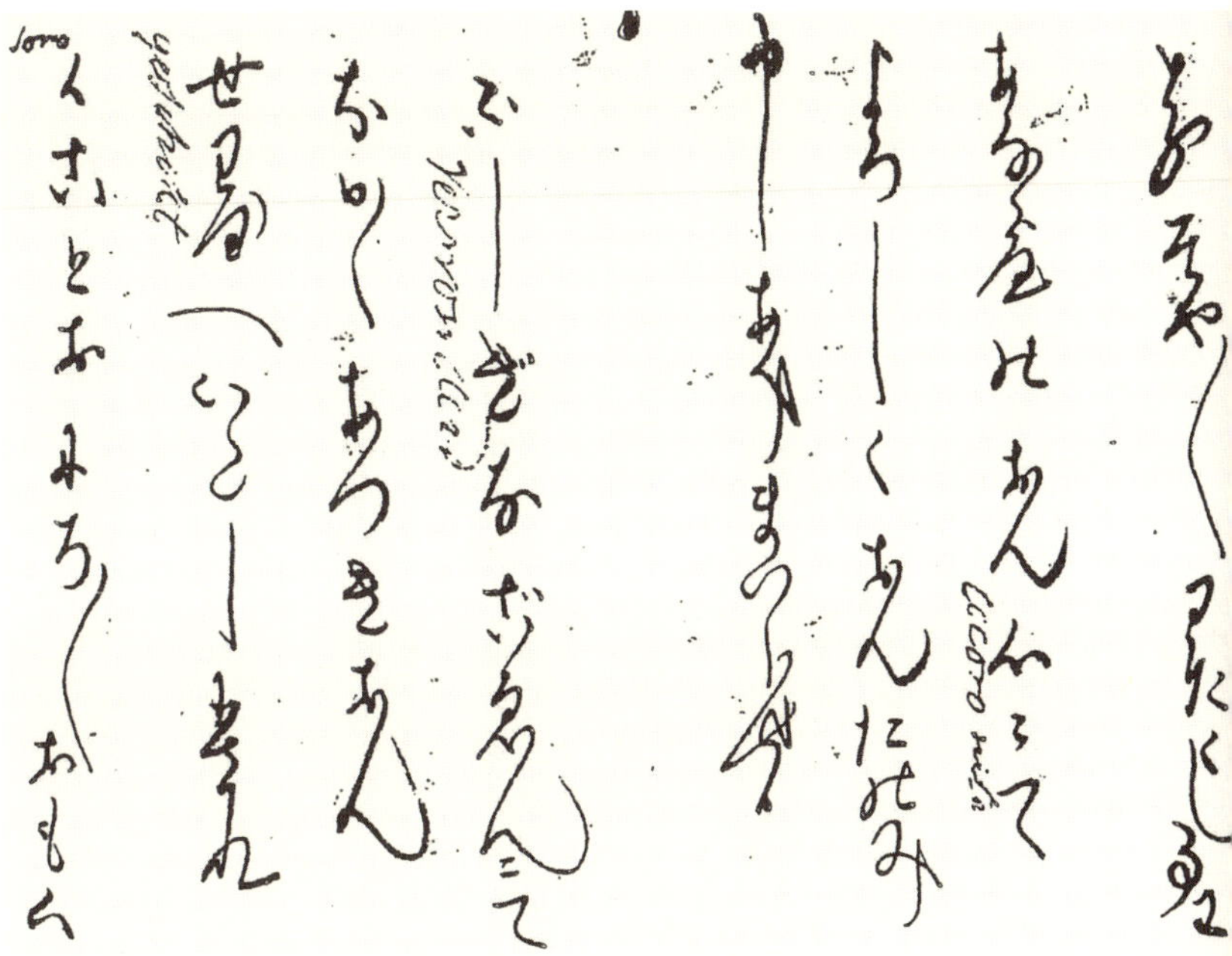

とふそや《(どうぞや)》〱 わたし事に《(は)》
あなた様の おん心ニて《(お心ニて)》
Cocoronite
よろしく おんたのみ《(御頼み)》
申しあけまいらせ候
ふしぎなごゑんニて《(不思議なご縁ニて)》
Verwonderd
なか〱 あつきおん《(厚き御世話)》
せわ様へ《(を)》いたし《(致し)》下され
geschikt
候ことを にち〱《(日日)》 おもい

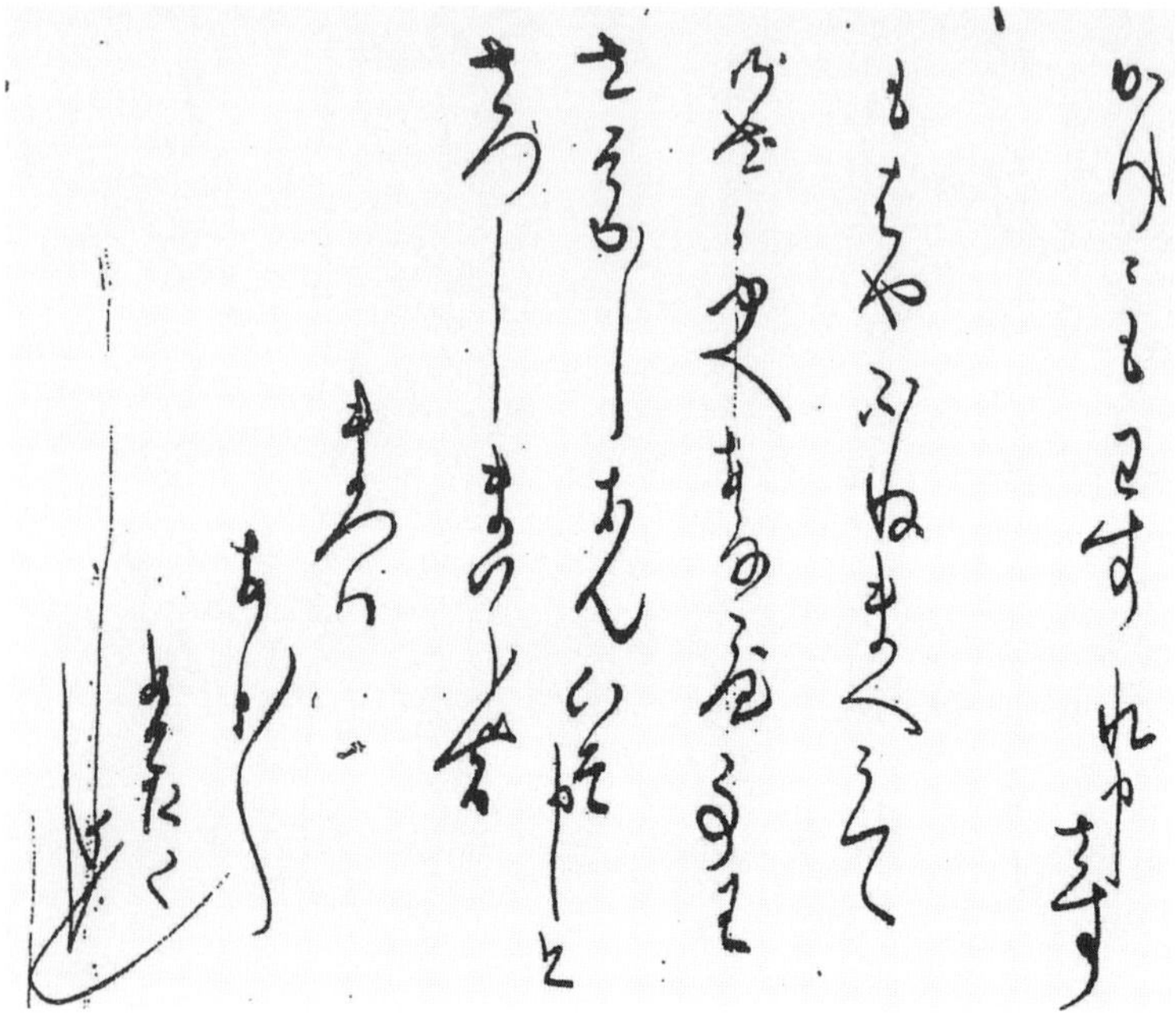

かけニも わすれ《(忘れ)》申さす
もはや ふね《(船)》まへニて
御座候ゆへ あなた様事わ《(は)》
さそ《(ぞ)》かし おんいそかし《(御忙がし)》と
さっし《(察し)》まいらせ候
まつハ
あらく
めて《(で)》たく
かしく

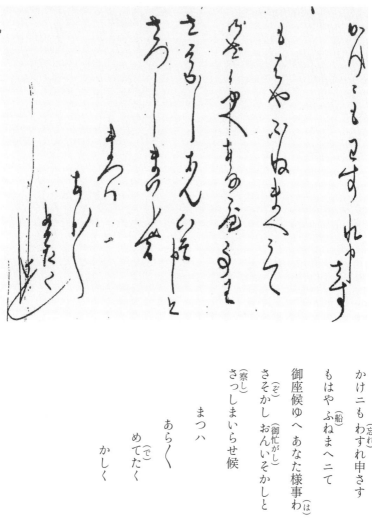

弐日

か様　　はゟ《より》

この手紙に見えている通詞が添えてくれたオランダ語は、

vermaak　楽しみ
maar　しかし
verwonderd　…に驚いた、…にびっくりした
geschikt　ふさわしい、適した

で、まずまず、よろしい。

cocoroniteはオランダ語訳ではない。ココロニテと読んで、日本語「心にて」を発音通り表記しただけである。

7号は、遊女「は」おそらく「花」から「か様」に宛てた一通。

「昨日は」「高麗人（＝唐船の商人か）」の「まへニさんじ」は「前に参じ」か、「舞に参じ」か、どちらか、にわかに、はっきりしない（多分、前者であろう）。「花畑」も見て、皆々「ほかのひと」ばかりだったので、「もん（＝出島の門）」のところまで行って、ただ「ヒストリさん」と「きくさん」と話しただけで、「帰り」ました。

「ふね（＝船）」も「はやくまいり」ましたので、私も「うれしく、今日、今日、楽しみニくらし」「はやくはやくとばかり、夜分ニは、夢にまで見て」待っています、という文面。船が来ている間は貿易業務でオランダ商館員は忙しかったらしく、遊女たちは出島に呼んでもらう声のかかるのをひたすら待っているのである。と、いうことは、日蘭貿易業務で来日した、若くて元気なオランダ人独身男性の仕事や疲れを陰で癒《いや》している。遊女が、日蘭貿易を支えているということである。

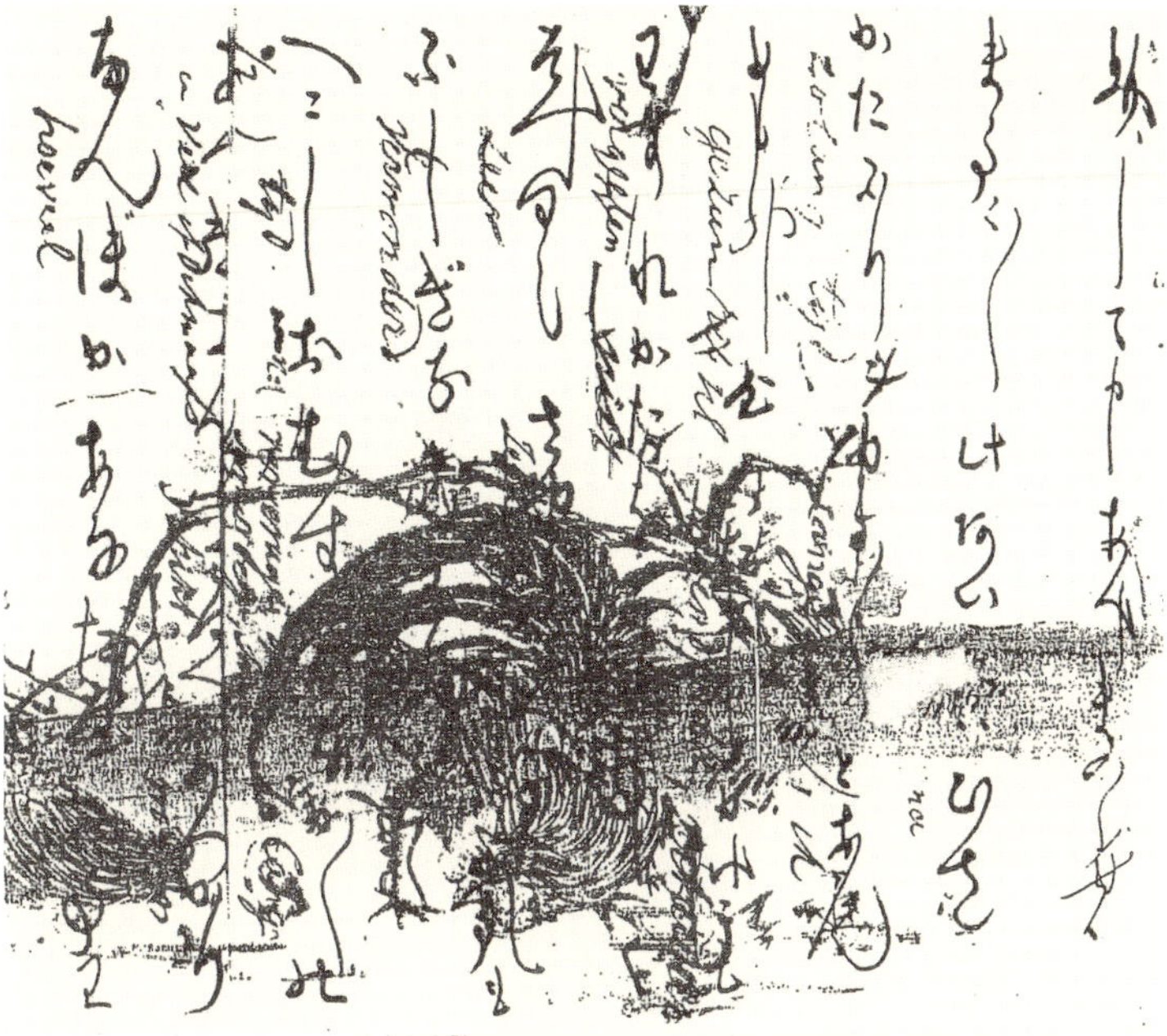

図10　第４号文書（ハーグ　国立文書館蔵）

第４号（図10）

文して申しあげまいらせ候

ま事ニ〳〵此あいたハ（この間は）ひさ（久方振りに）
na zolong tijd

かたふりニゆる〳〵とおん（御目文字）
'k gezien heb ue

めもふじ様いたし［　　］かけ二も［　　］
vergeeten niet

わすれがたく（忘れがたく）うれしく（嬉しく）

そんしまいらせ候さやふ［　　］し事も
zeer

ふしぎな［　　］にて
verwonderd

へニしおむす［　　］なか〳〵の
tijd　aan:　verwerugen［　　］lang

［　　］あつかり
aves of dipmaaks

なんぼか（どんなにか）あなた様の事わ（は）
vòèveel

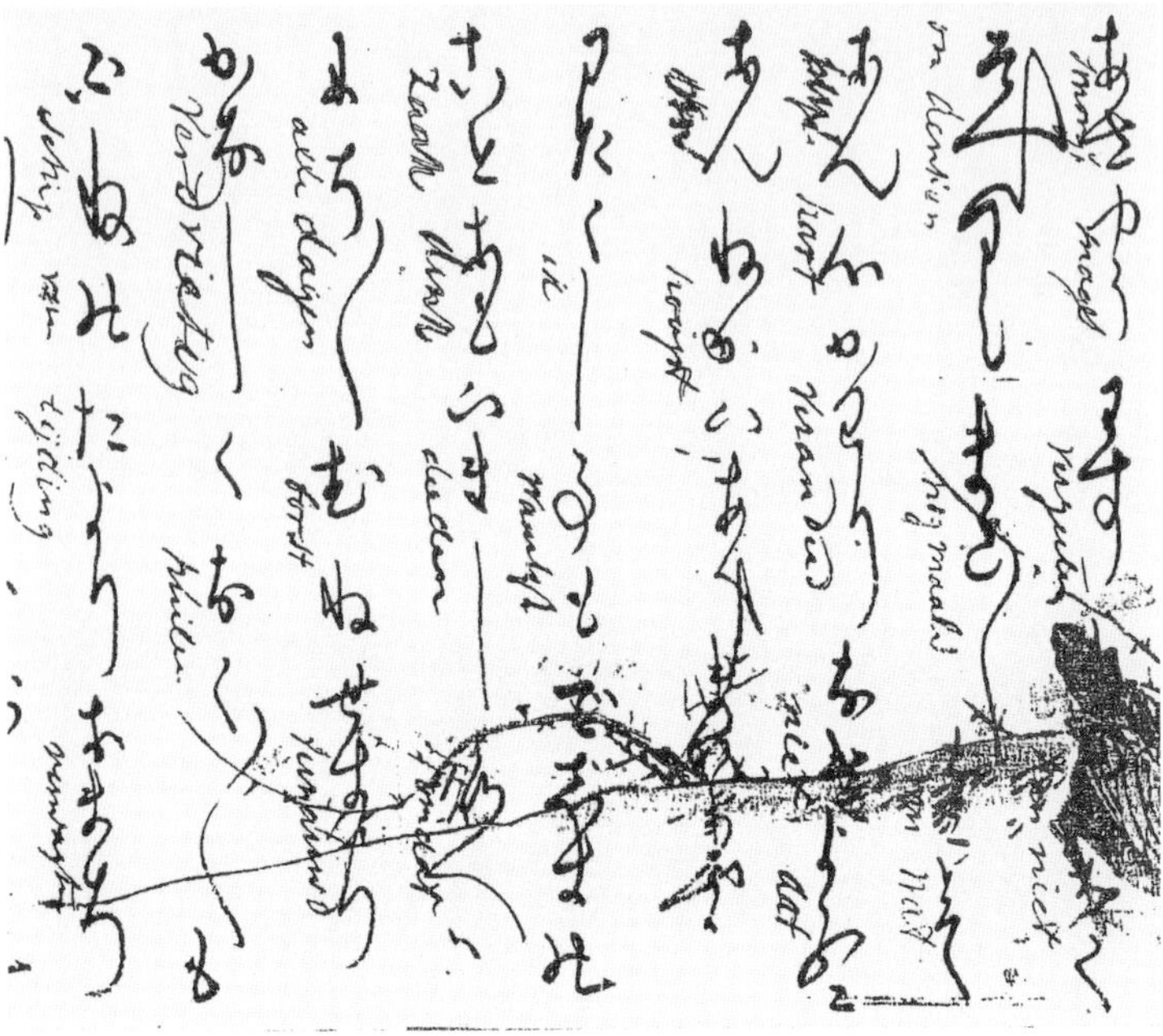

(朝夕)あさゆう　(忘れがたく)わすれかたなく
's morgen 's nagt vergeeten [ ] niet
(存じ)そんしまいらせ候 またく〱 な二とそ
on denken nogmaals □ wat
(御心変りなきように)おん心かわりなきよふ二
tuijs hart veranderd niet dat
(御願い)おんねがい あけまいらせ候
mooit
わたくし事も (出島)でじまの
ik waarlijk
ことおもいまし給へハ
zaak denk deeden omdat
にち〱 むねせまり
alle dagen borst vunaverad
かなしくなく〱も
verdvietig hulen
(船の便り)ふねのたより(を)お (待ち)まち
Sship van tijding verwagten

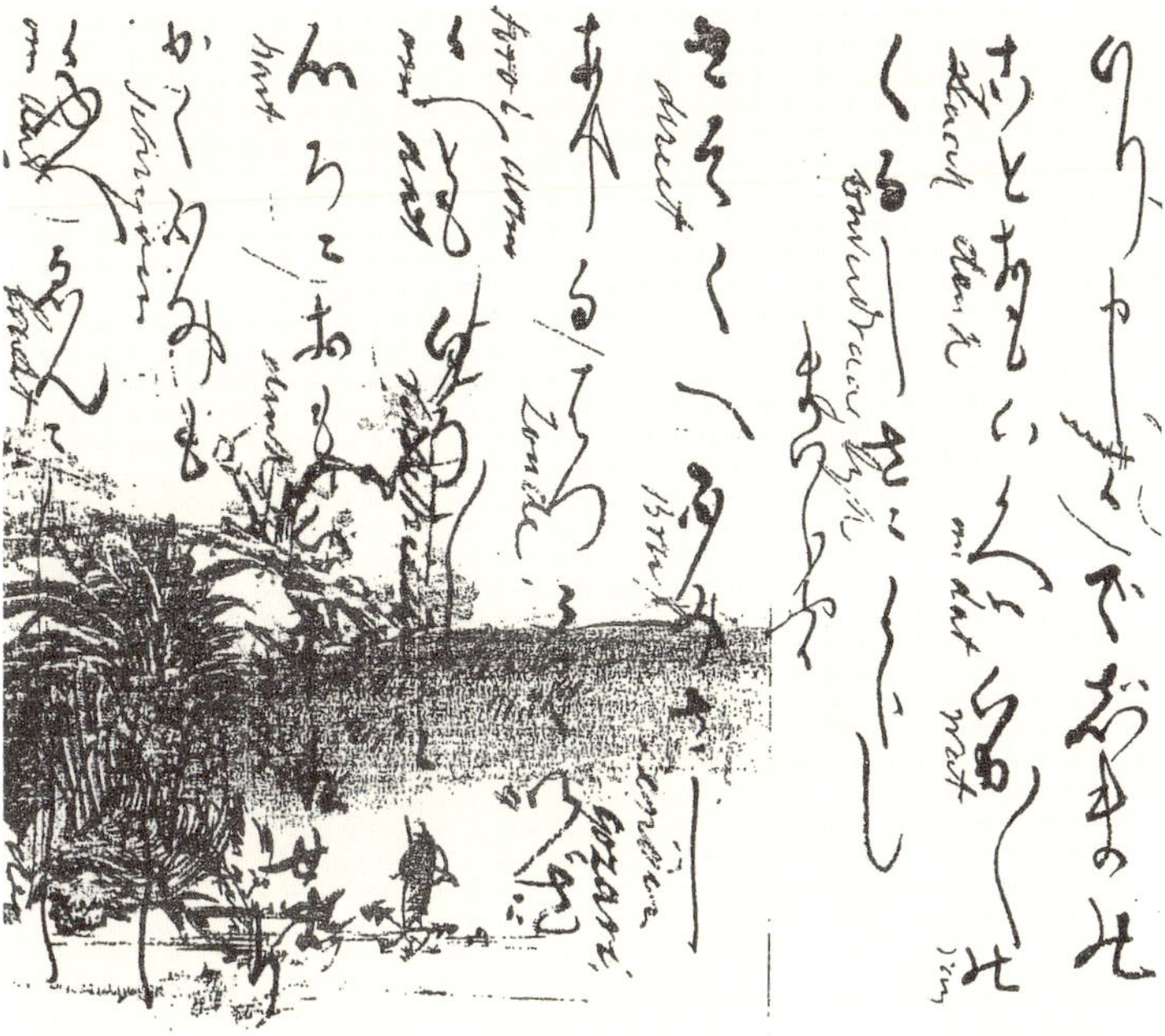

いり申し候 でじまの

ことおもい候へハ いか〳〵の
wasch (warch) denk omdat wat van

くるしさニ くらし
onvuchdraalijk

まいらせ候

さそく へ ふみさし
direct Brief zenden

あけるはつニて 御座《gozari》 □

候へとも いろ〳〵と □
omdat vende heel

心ろに おもい □ せまり
vast dank boord

かくふみも □
schrijven

候ゆへ ゐんニし □
omdat borst

候へともあん□て
al hoewel
下されましく候よふニ
gelieft niet dat
御ねかいあけまいらせ候
Uw negnislapt of wenscht
まつハ　あら〱
目出たく
かしく
花ゟ《より》
か様

通詞が書き加えたオランダ語も料紙の模様にかくれて見えないところが、かなりある。

na zo longtijd
長い期間のあとで
ik gezien heb uɛ
私はあなたに会って
vergeeten niet
忘れがたく

verwonderd　驚いた、びっくりした

's mongen 's nagt　朝夕

vergeeten ……niet　忘れがたい

denken　思う、考える

nogmaals　またまた

kuis　清らかな　純正の

hart　心

veranderd niet uw hoopt　あなたが変りなきようにねがう

waarlijk　本当に

alle dagen　毎日

borst　胸

verderven　堕落させる

hulen schip van tijding　船のたより

onverenijdelijk　避けられない　不可避の　必然の

direct　直せつ　さっそく

gelieven　好む　気になる

この4号も「花」から「か様」に宛てた一通である。遊女の筆跡も通詞のオランダ語訳の箇所も見えにくいところが沢山あってわかりづらい一通ではある。

久し振りにお会いできた。「あなた様のことは　朝夕　忘れがたく」「御心変りなきよう」願います。「でじま（＝出島）」のことを「おもい」「毎日毎日胸せまり」「出島のことをおもい」、「いかく〵のくるしさに暮しまいらせ候」と「文」を書いている。遊女が書く常套手段的営業文面のような気がしないでもない。

もう一通10号を読んでみよう（図11）。

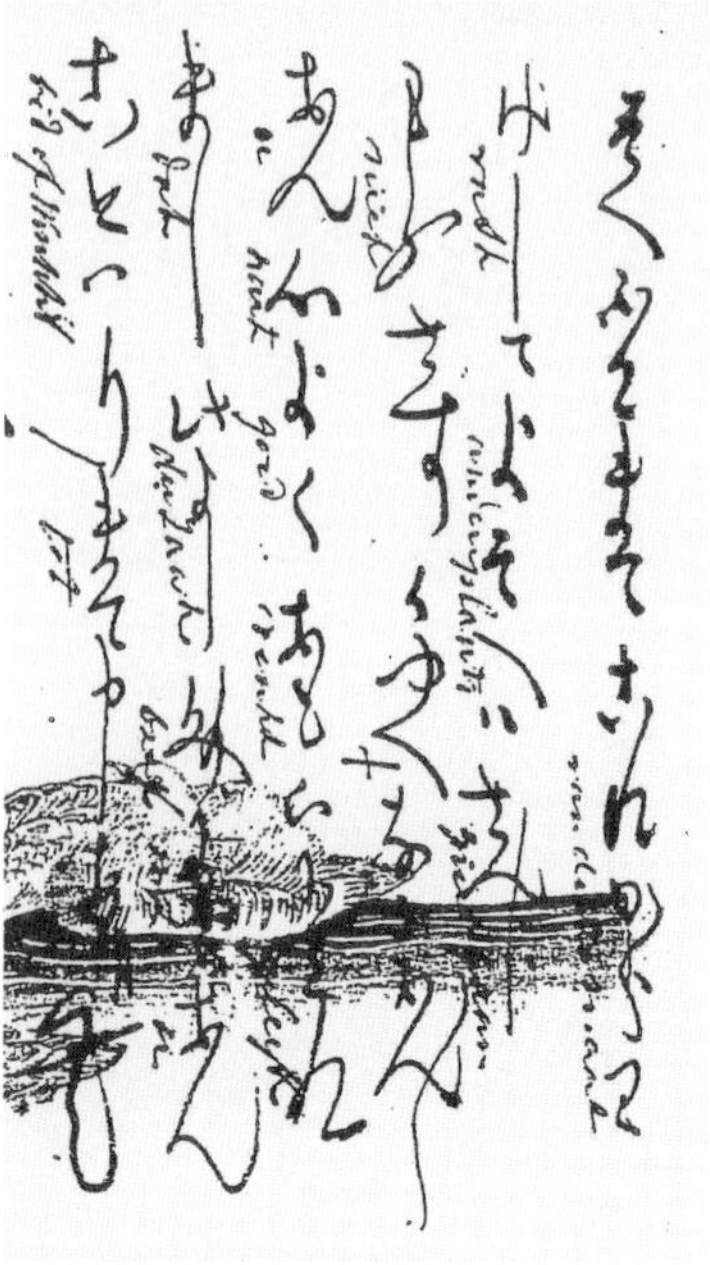

（添え筆まで）そへふてまて　これからわ、（は）
van deze maal
（決して）けして、（他所へは）よそへハ　（参じ申さず候ゆへ）さんじ
ander plaats gingen niet
[　] もふさず候ゆへ　（何分）なにふん〵
（御快く）おん心よく　おもい下され
u hart goed　denkd geliefd
（此の由）まし　此よし　文にて　（御断はりまで）おん
dat　diezaak (deze zaak)　brief met　U
ことハりまて　（申し上げまいらせ候）申あけまいらせ候、
bid of wenschelijk tot

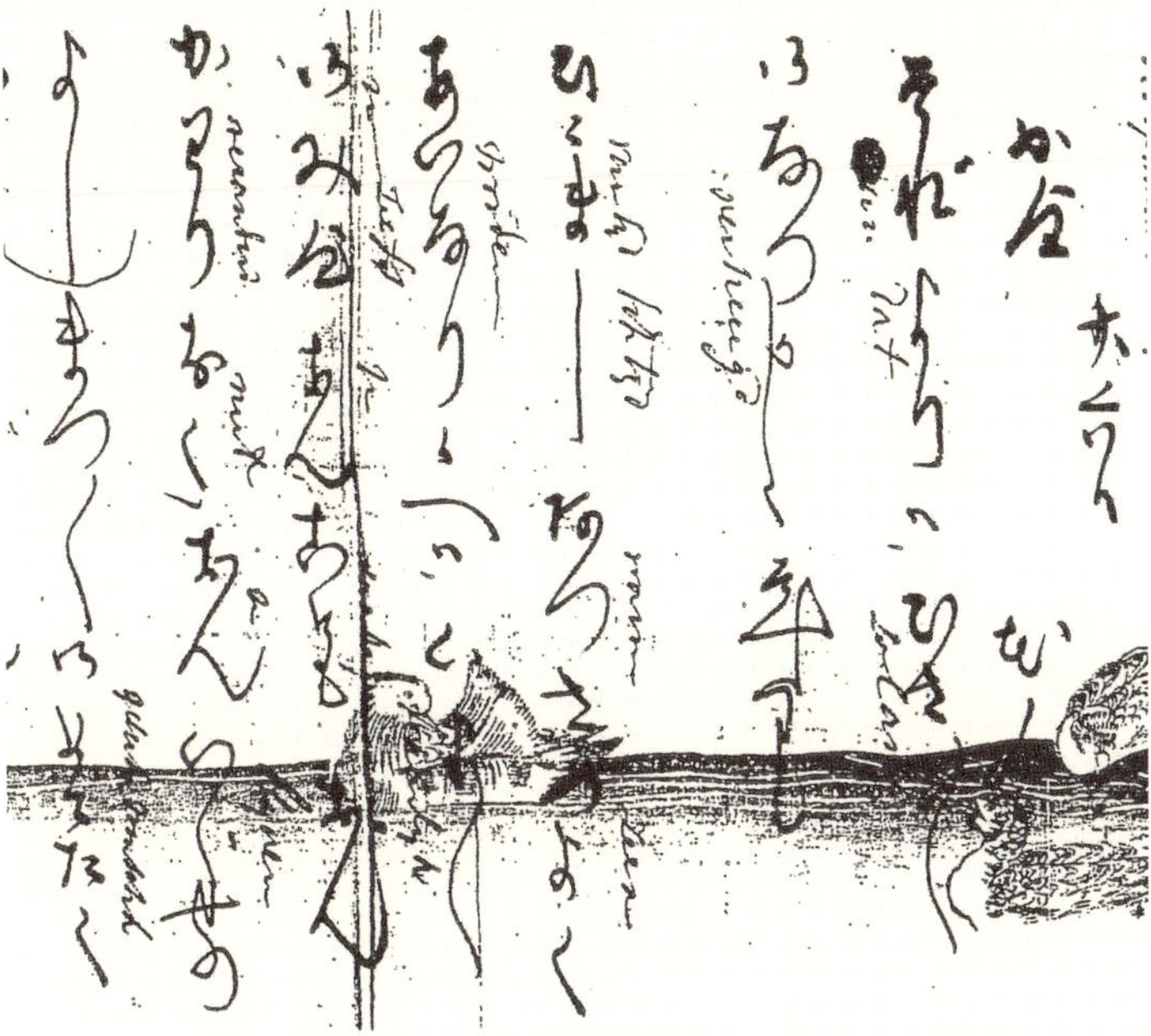

図 11　第 10 号文書（ハーグ　国立文書館蔵）

廿六日　　　花ち（より）

か様

それよりハ　ひさ〳〵（久々）

Van dat　Zo lang

御なつかしく（御懐かしく）　そんしまいらせ候（存知舞らせ候）

verheugd

ひニまし（日ニ増し）　□　あつさ（暑さ）　つよく（強く）

vantijd　warm　zeer

あいなり候へハ（相成候へバ）　□　いよ〳〵

worden

御み様（御身様）　おんことも（御事も）　おん（御変りなく）

u zelfs　u waarlijk

かわりなく　おんいらせの（御居らせの由）

veranderen niet　u blijven

よしまつ〳〵　御めてたく（御目出度く）

gedenk wensch

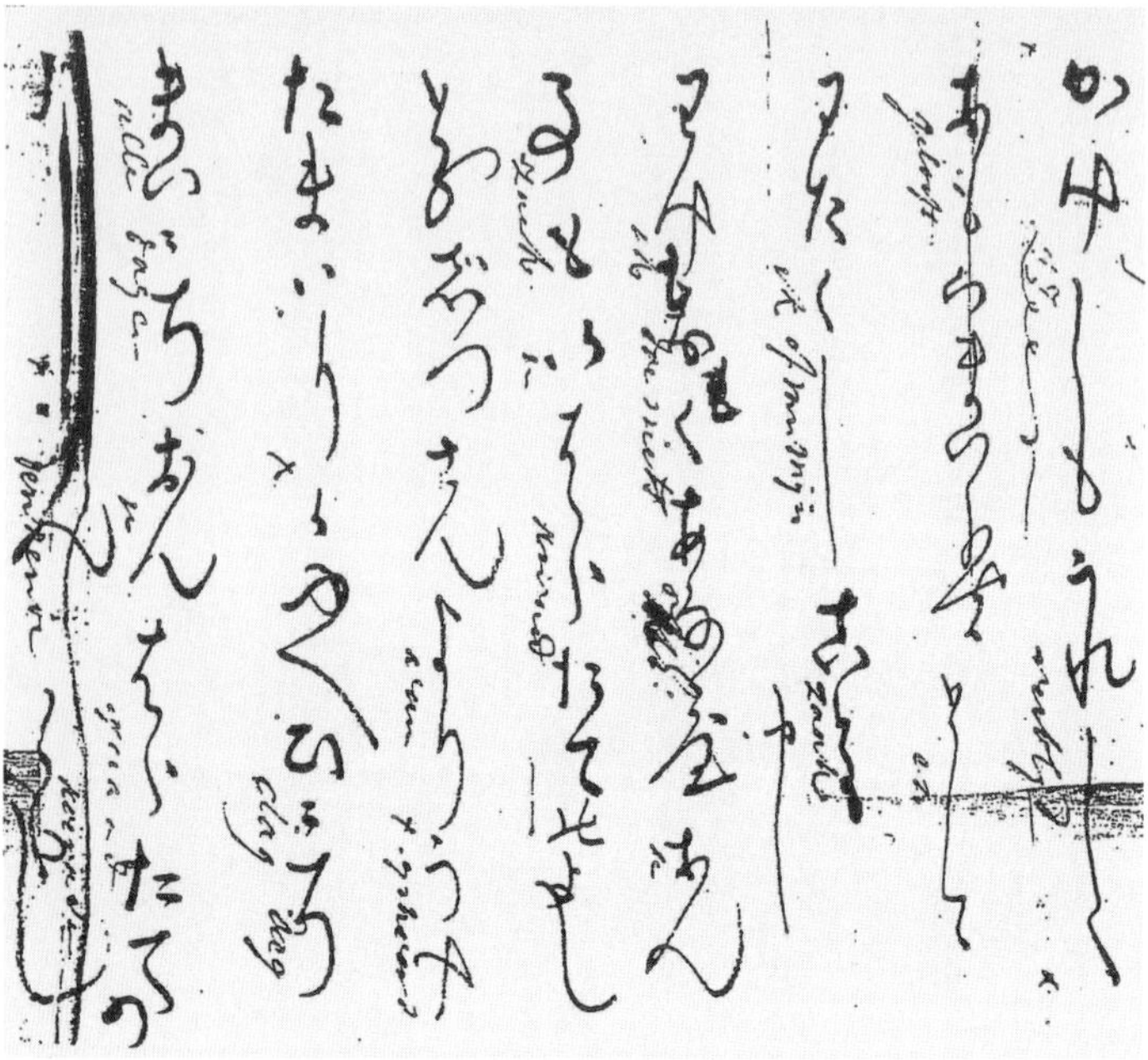

(蔭しも)　(嬉しく)
かけしもうれしく
zeer　verblijd

おもいまいらせ候そして
gelieft　en

(私事も)　(申し訳なく)
わたくしことも申し
ik of van mijn zaak

わけもなくあなた様おん
ik doesniets　UEd:　u

(御腹立ての由)
事も御はらたてのよし
zaak　u vriend

(承わり候ゆえ)
とふじつさんよりうけ
van 't gehoord

(日々に)
たまハり候ゆへ日ニち
dag dag

(毎日)　(御腹立ての由)
まいニちおんはらたての
alle dagen　u vaard

よし □
denken □

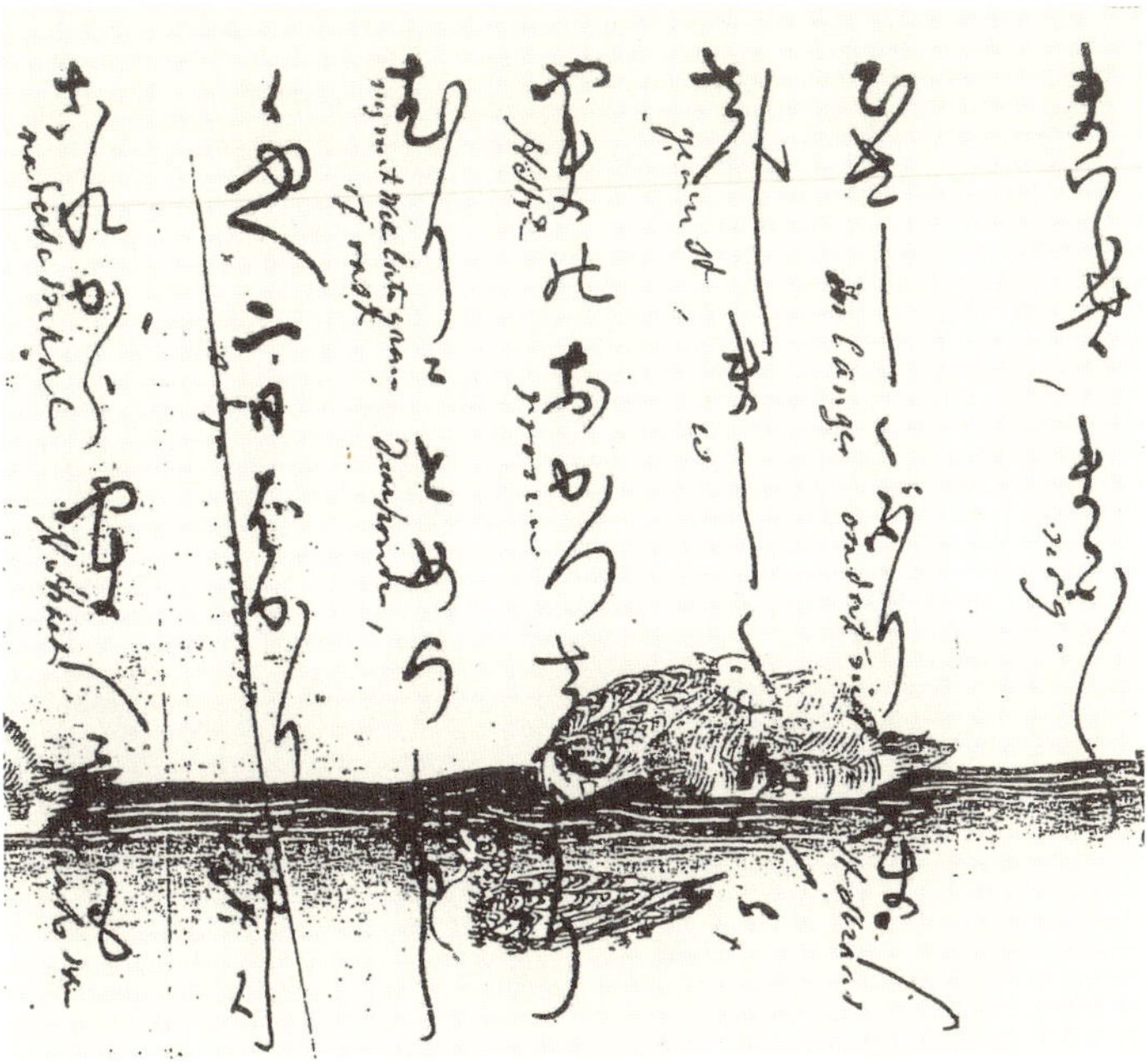

まいらせ候　またく
nog

ひさしくぶりニ(久しく振りに)　やまへ
In langen omdat niet □

さんしましく候へハ
□ geweest is

やまのおかつさまより(お母さんより)
□ vrouw

むりニとめられ(無理に止められ)申し
mij niet wel laten gaan daar □

候ゆへ　二日ばかり(二日ばかり)　い申し候(居申し候)
2 dagen □ blijst

これから　やまへ ニても
na deese maal □ zaak van

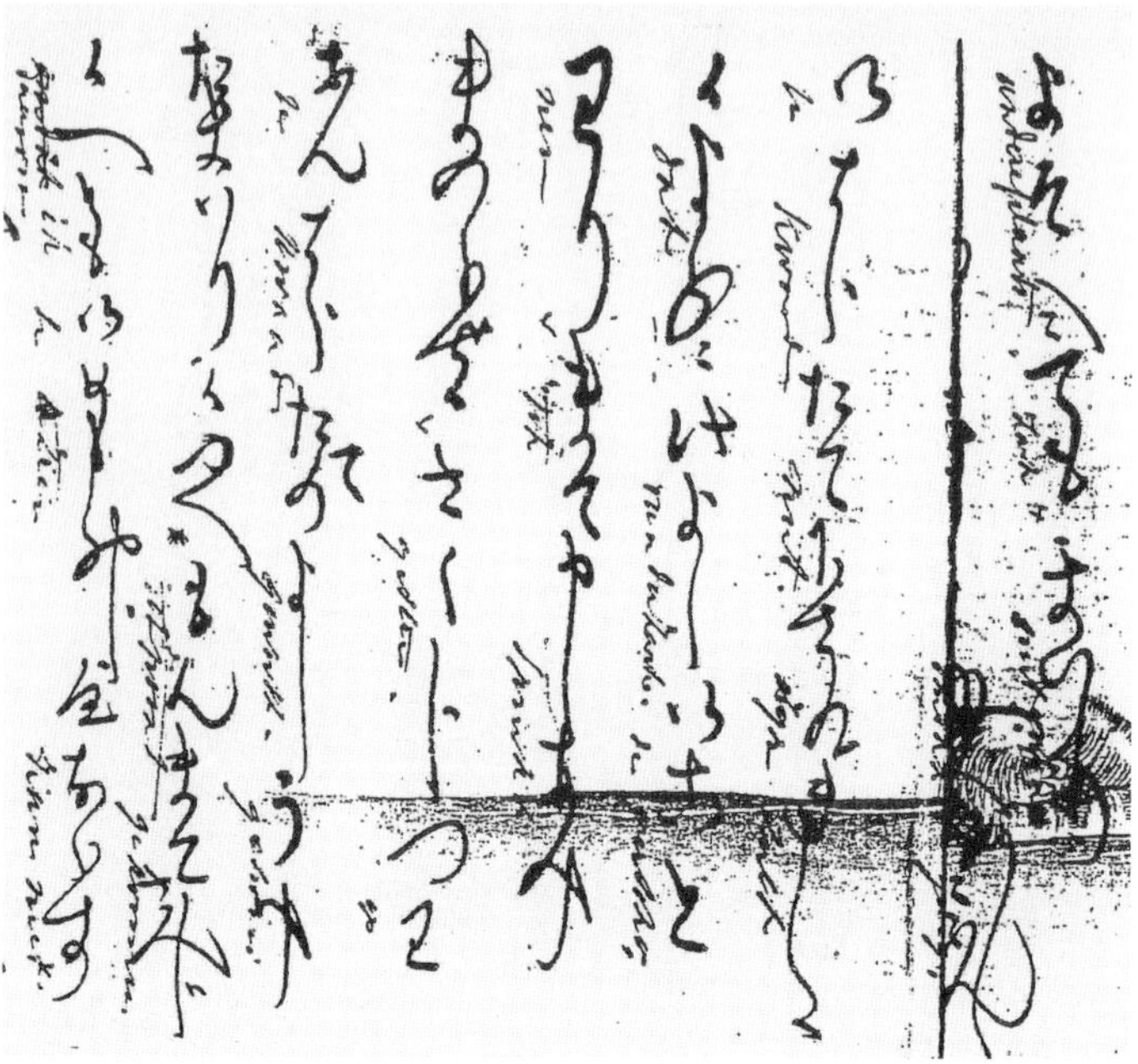

(他所へ)よそへ ニても まハり(回り)
andereplaats zaak 't

□ (折れ) □ ゆへ なニふん〲(何分)

u □ niet zijn zult
(御腹立て)御はらたて下されましく

候よふニ 此よし(此の由) 御こと(御断わり)
dat van de zaak de

わりまて申あけ
net tot Spreekt

まいらせ候 さくじつわ(昨日は)
gistern op

(御腹立ての由)おんはらたてのよし うけ(承り)
u kwaade geweest gehooren

たまハり候ゆへ もんまてさんじ(門まで参じ)
tot poort gekomen

候へとも 御めもふじ様ならす(御目文字様ならず)
daarvan u zien kan niet daarom

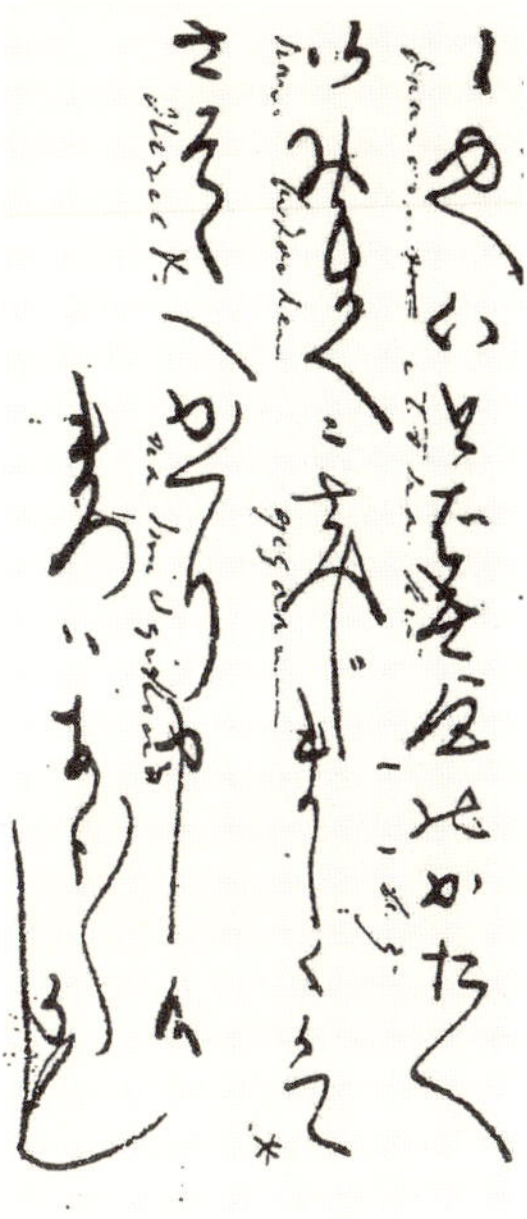

候ゆへ　いとばき様のかたへ（糸萩様の方へ）
itohaki bij
御みまへニさんじましく候て（御見舞に参じましく）
kon Uw bezoeken gegaan
さそく（早速）へかへり（部屋へ帰り）申候
direct na huis gesluit
まつハあらく
かしく

この10号も「花」より「か様」に宛てた一通。見るところ、文面の文字とオランダ語訳の文字と、ともに折れたり不明瞭な箇所があってわかりづらい。失考しているところの在ることを恐れている。

「花」の断り状のようである。

主となる文意は他の蘭人のもとへ行ったためにブロムホフから立腹を買った様子であって、今後は決して他へは行かないから、快く思って下さい、と言い訳をしている（遊女屋の都合による指図もあるのに、花の一存で、こんな歯切れのよいことが言い得るのであろうか……）。

ブロムホフの立腹の様子は「とふじつさん」より聞き知った、といっている。「とふじつさん」

とは、おなじく出島通いの遊女仲間であろうか、それとも誰であるか、にわかに判然としない。

ブロムホフは毎日立腹していたらしい(ブロムホフは常に不健康気味であったようだ)。

そこで、花は久し振りに「やま」へ行ってみたらしい。すると「やま」のお母っさま(長崎では、おかっつあま、というようだ)から止められたので、「二日ばかり2 dagen」在宅していたらしい。

今後は「やま」へも、「よそ(他所)」へも「回わらない」から「何分何分、お腹立てなきよう」と、謝罪の言葉を連ねている。

ブロムホフがあまり「御腹立て」の様子なので、「昨日は」、出島の「門」のところまで行ったのであるが、結局、お目にかかることが叶わなかった。そこで「糸萩」(ブロムホフの愛人で、花の遊女仲間)さんのところへ「御見舞」に立ち寄ってから、自分の「部屋」へ帰りました、という文面のようである。

右のようなトラブルは、出島のカピタンや商館員と、遊女、遊女屋の都合、指図の間で、日常茶飯事に存在したことと察せられる。両者、いずれの立ち場をとってみても、思うようにはいかなかったことが多かったことと察せられる。

次に蘭語訳の付いている断簡第59号を一点とりあげてみよう(図12)。

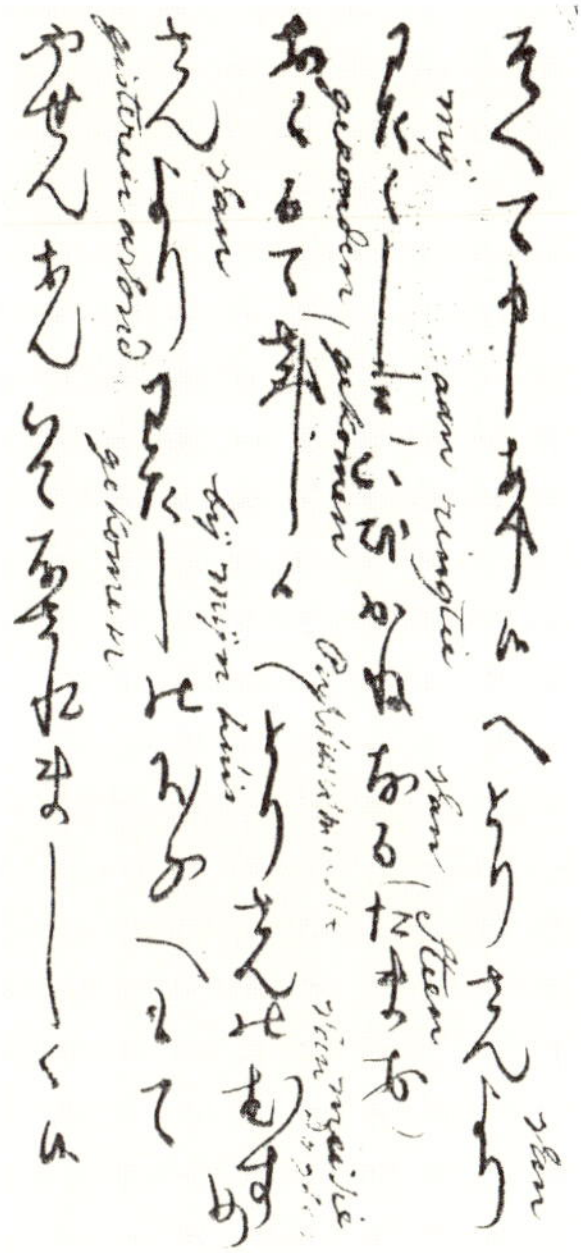

図 12　第 59 号文書（ハーグ国立文書館蔵）

van
そへて申しあけ候 へとりさんより
mij aan ringtie van Steen
わたくしニ、いひかねなるたまお
gezonden gekomen Pakhuismeester
おくるて さんし候 へとりさんのむすめ
van meisie (Dogter) van bij mijn huis
さんより わたしの不ふへもて
gisteren avond gekomen
やせん おんいてなされましく候

と、日本文字で書いてある通り書き取ってみた。読者の皆様、即座に文意を読み取れますでしょうか。また、言っている事柄の史的背景をただちに理解できますでしょうか。まず、遊女の女手の筆跡を判読するのに戸惑ってしまう。次に文字づらだけが読めたとしても、判じ絵か、判じ文を読まされているような気がしてならない。送り仮名も「を」となるべきところが「お」としてあったり、濁点が付けてなかったり、現行の表現から離れた一種独特の表記をしていたり、江戸時代特有の変体仮名表記をしていたり、遊女仲間だけに使われている言い癖がまじっていたり、断簡短文のなかにこれらが盛り沢山に出て来ているため難解このうえない。大胆に、次のように書き直してみる。もとの文に付けられたオランダ語を判読するのも一苦労であるが、判読出来たところで、もとの文の該当箇所にそれぞれ書き添えてみると次のようになる。

添えて申あげ候　ヘトリさんより《van》　私ニ《mij aan》　指金なる玉を《ringtie van Steen》　贈って《gezonden》　参じ候《gekomen》
ヘトリさんの娘《Pakhuismeester van meisie (Dogter)》　さんより《van》　私の方へ《bij mijin huis》　持て　先夜《gisteren avond》　御いで《gekomen》なされましく候

これで、まずまず、文意を読み取っていただけたのではないだろうか（まだまだ難解ではあるが）。

次に、出て来た用語を簡単に説明しておこう。

「ヘトリ」は、通常「ヘトル」といい、オランダ語で**Feitor**、出島のオランダ商館における商館長＝カピタンに次ぐ次席館員を指す。「いひかねなるたまお」はわかりづらい。通詞が**ringtie van Steen**とオランダ語訳を付けておいてくれたから、はじめてよくわかった。「ヘトリさんの娘さん」にも、通詞は**Pakhuismeester van meisie Dogter**とオランダ語訳を付けてくれている。荷蔵役の娘、というのであろう。このときの荷蔵役**Pakhuismeester**がヘトル次席館員だったわけである。それにしても、このときの荷蔵役に「娘」**Dogter**がいたとは驚きである。今まで知られていなかったことである。娘はオランダ語で**meisie**とも**dogter**とも言った。この娘は当然混血児であったわけである。

「やせん」とは何だろう、と、当初見当もつかなかった。他の遊女の手紙にもしきりに見えている言い方である。夜前（やぜん）かとも思うが、濁点なしで、単に「やせん」と平仮名表記にしている。通詞がgisteren avondとオランダ語訳を付けてくれていて、はじめて的確に理解することができた。gisteren avondとは「昨夜」とか「昨晩」という意味であるから「先夜」とわかったわけである。それを、わざわざ遊女たちは「夜先」と言いならわして平仮名で書いているのである。現代人にわかるわけがない。

「参じ候」というと、「行く」という意味gaanかと思ったら、通詞蘭訳でgekomenというから「来た」ということになる。これもわかりにくい慣用かもしれない。オランダ言葉的表現である。

61号文書で前述もした通りである。

荷蔵役のヘトル次席館員が、この手紙を書いている遊女に贈る小さな指金（指輪か）を昨晩、ヘトルの娘さんが届けて来た、という、たったそれだけのことが見える断簡であったのである。なんと、まあ、遊女の手紙は、ややこしいものであろうか。

それにしても、それにしてもである。たった、これだけの遊女の手紙を、オランダ商館員カピタンだけでなく、現代のわれわれも、通詞の訳に頼らなければ読み取ることができないのである。言い換えると、通詞は現代にも立派に生きている、ということになる。

以上は、通詞のオランダ語訳が付けられている数通を取り上げてみたところである。

カピタンはじめ、出島のオランダ商館員、遊女たち、遊女仲間、遊女屋の関係がいろいろ見えてくる。憶測で、小説などではいろいろ想像して勝手に書かれてきたが、このような具体例は、管見の限り、今まで紹介されたことがない。興味の尽きないところであろう。

筆者なりに、深読みをしてみたい点も一つや二つではない。しかし、深読みは読者におまかせしたい。自由に心遊ばせていただければ幸いである。

四　遊女の手紙を読み込む

次に、通詞のオランダ語訳は付いていないが差し出し人・遊女名のみえる手紙を読んでみたい。ところ、どころに（　）付きで記したところは筆者の書き添えたところである。

第8号

か様　　　　　　　　　　花ゟ

さくじつ《(昨日は)》ハ　ひさかたぶりニ《(久方振りに)》ゆる〳〵と　おんめもふじ様いたし《(御目文字様いたし)》やま〳〵うれしく
おもいまいらせ候　そのうへなから《(ながら)》よろしきおみやけ《(おみやげ)》まて下されましてたん〳〵《(段々と)》と
ありがたくあなた様の　おん心ろ《(御心は)》わ《(は)》いつまて《(で)》も　わすれかたなく《(忘れがたく)》おもい候　なにとそ《(ぞ)》〳〵
いつ〳〵まて《(で)》も　おんみすてなきよふニ《(お見捨てなきように)》　いよ〳〵おんねかい《(御願い)》あけまいらせ候　また〳〵

こん日ハ《今日は》 てんきもよろしくあいなり候ゆへ あなた様 おんことも
いか〳〵ニて御〔わたし《り》〕なされまし候や 此たん《此の段》ちらと文ニて御みまへまて《御見舞まで》
申あけまいらせ候わたくしことも あなた様のおんせわ様へ あつかり候ことお《を》
心かよふニ《心いかように》なり候てもわすれもふさす《忘れもうさす》候まゝ かしく

遊女「花」から「か様」ブロムホフに宛てた一通。昨日、久し振りに会い、お土産《みやげ》をもらって帰ったことについての礼状である。「あなた様の御世話」「忘れがたく」「いついつまでも、お見捨てなきよう」と、書き送っている。

第9号

おん文《御文》下されまして せんもありかたく《千もありがたく》はいし《拝し》まいらせ候 ま事ニ《誠ニ》〳〵 さくしつの《昨日の》
おん文のおもむきにて わたくし なにことも 心つかいなく《心支えなく》 あんしん《安心》いたし候

此せつハ なか〱わたくし しんく《苦心》いたし にち〱《日日》も かなしく《哀しく》 くらしい《暮らし＝過ごし》申候
さくしつも あなた様へ 文さしあけ候ゆへ それお《を》やせんまて《夜先＝先夜》わ《は》たべものすこしも《食べ物少しも》
たべずニ《食べずニ》 おへんじお《お返事を》 ちからニ いたして《力にいたして》まちいり《待ち居り》申候 はちのしん《八之進》□
やせんハ《夜先＝先夜は》 みへもふさず《見えもふさず＝お見えにならず》候ゆへ なんたる事も うけたまわらす《承わらず》候ゆへ なか〱
心づかい《心遣いを申し候》お申候 また〱 こん日ハ《今日は》 とふぞや〱《どうぞや》 おんよひへ《御呼びへ》 御つかわし《御遣わし》
下されましく候へハ わたくし たべものも《食べ物も》 たべ申候 わたくし此かたへ
まいる事ならんと申なされまし候へハ なかさきへ《長崎へ》 い申候《居申候》へハ わたくしみぶんわ《身分は》
いかよふニ しんても くるしかりもふさす なニぶん〱 こん日ハ
御よひへ《御呼び》 御つかわし《御遣わし》下されまし（く）候へハ なニも あんしん《安心》いたし候 はや〱
こん日 わたくし事も なニもかも しまい候ろて 御まち申し候《御待ち申し候》ゆへ はやく 御よひへ《御呼び》
御つかわし《御遣わし》下され候事お《を》 たのしみニ《楽しみに》 くらしまいらせ《暮し＝過し》候 また〱 あなた様おふた様の

おんよひ(御呼び)なされ候ろところへ　つくさんのやかわしく申なされ候とわ(は)　いか〱ニて
御ざ候や　□　やとわちかへ申候　しまニても(島にても)　いちばんうへニて
御ざ候ところへ　つずさんのやかましくとい(問い)　いか〱にて　御ざ候や　此よし
あけまいらせ候　はやく　おんよひへをつかわし下されまし　わたくしハ　こん日ハ
まてい申候(待って居申候)　まつハ　あら〱　はや〱　かしく

廿二日　こん日御へんしお(を)　花ゟ

か様

これも「花」より「か様」宛ての一通。昨日、手紙をもらって「心支《こころつか》え」なく「安心」していると、いっている。花からも昨日手紙を出したばかりらしい。それまでは、食べ物も食べずに待っていたらしい（食事も咽を通らず、待っていた、ということらしい）。いろいろ心にかかることもあったらしいが、兎に角、呼び遣いをいただきたい、と繰返し訴えている。

第13号

か様　花ら

あなた様御ことも わたくしへ つきさそかし おんせわ《御世話》様と さつしあけ《察しあげ》まいらせ候

また〳〵 あなた様へ おん〔め〕《御目文字》 もふしいたし候ろて 御はなしたき事《御話ししたき事》 やま〳〵

つかせ候へとも いまた 御げんもなく《御見もなく》す さて〳〵うらやましくそんじまいらせ候

さて又わたくし事わ《は》 なニことも あなた様へ よろしく御ねかいあけ候ゆへ

すこしハ あんしんいたし候ゆへ なにぶん〳〵 此うへなから よろしく おんねかい

まいらせ候 わたくし事も さびしきニばかり《淋しきにばかり》候ろて くらしまいらせ候 にち〳〵も

あなた様の よろしく御へじ《ん》お たのしみ おもいまいらせ候

まつハ 御めもふし様の

十一日

うへとのこしまいらせ候

13号も「花」から「か様」への一通。お話ししたきこと山〻、さびしきばかりに暮し（過し）ている。返事を楽しみにまっている様子。とにかく出島へ呼んでもらいたい様子。

第17号から第18号

か様　　花ゟ

かへす〳〵すも おん心《御心》 おんなおし下され《御直し下され》まし（く）候へハ わたくし事もあんき《安気》
いたしまいらせ候
おん文下されまして せんもありかたく《千も有りがたく》はいし《拝し》まいらせ候 あふせのとふり《仰せの通り》
わたくしあしく《悪しく》候ゆへ いかよふニ あなた様の おんはらたてなされ候ろて
わたくし事ハ か□まんと 申なされ候ろても わたくしあしく候ゆへ これから

ひさしきうちお《(を)》 なく〳〵もはらしまいらせ候 また〳〵 ひすとりさん《(ヒストリさん)》より
きやくしのたより《(脚子の便り)》を きかするよふニ申て わたくしおよひへ いかいしなされ候ゆへ
わたくしも よきたゟ《(よき便り)》うけたまハりたく候ゆへ さんじましく候 なニとて
おもしろき事わ《(は)》 ひとつも 御ざな〔く〕 くわしく事も 申候
あけたくそんじ候へとも あなた様のそのよふふニ おんはらたて《(御腹立て)》 なされましく候ゆへ
とても わたくし でしまへ《(出島へ)》 まいる事ハ あいなりもふさす候と あきらめ候へとも
二ねんばかり《(二年ばかり)》 そもふじ様の いろ〳〵と おんせわ様へ あつかり候事ハ かけニも
わすれもふさす候まゝ なニぶん〳〵御心おんなおし下されましく 此よし ひとへニ〳〵
おんねがい あけまいらせ候

四日

まつハ あら〳〵

かしく

17号から18号へも「花」から「か様」宛ての一通。この一通から、花がすでに二ヵ年ブロムホフの世話になっていることがわかる。最近は、花の体調がわるいのか、態度がわるいのか、ブロムホフお腹立ての様子である。要は、心をなおして、呼んで下さい、ということらしい。

第29号

候ろよし《前略》 ひすとり《ヒストリ》さんより申なされまし候ゆへ わたくし事も いか〳〵いたして
よろしく御ざ候ろやら そのたん《その段》申あけまいらせ候 また〳〵あなた様も
わたくしへつき いろ〳〵と御せわ様下されましく候ろて さそかし御こまりと
さつしまいらせ候 きやくしのたより《脚子の便りには》ニわ《は》 さらいねん《再来年》のところ じやかたらへ《ジャガタラへ》まいる
候よふニ申して さんじましく候ゆへ いか〳〵いたしてよろしく御ざ候やら そのたん《その段》
おんたつね申あげまいらせ候 御へんじまちいりまいらせ候

まつハ

あらあら
かしく
花ゟ
か様
九日

29号も「花」から「か様」宛ての一翰。ブロムホフと花との間にヒストリさんが入って、いろいろ連絡してくれている様子。ブロムホフが再来年ジャガタラ（バタビア（インドネシア））へ帰る予定らしい。わたしは、どうしたらよろしいでしょうか、お返事を「待ち居り」と訴えている。

第32号

まつハあらく
めてたく

か様

ふてニてハ《（筆にては）》 つくしかたなく《（尽しがたく）》候ゆへ
御けんのふしニ《（御見の節に）》 のこしまいらせ《（残しておきます）》候

かしく

花ゟ

32号は、「花」から「か様」宛ての断簡。筆では書き尽くせない、お会いしたときに……と訴えている。

34、35、36、37、38、39、40、41、42、43、44、45、46、47、48、49、50、51、52、53、54、55、62、63、67、68、71号は、「花」からのものらしい。しかし、ばらばらになっていて、順序を見極めるのが難しい。断簡にみえる言葉には、出島のこと、ヒストリさんのこと、飛脚（脚子）のこと、遊女間に流れている噂のこと、カピタンお腹立てのこと、くんち（長崎の諏訪神社の秋の大祭）のこと、船のこと、黒坊のこと、糸萩さんのこと、おかみさんのことなどなど、いろいろ気にかかることも見えている。しかし、なんともまとまりがつかない。注目しておきたい二、三の点だけ拾っておくことにしたい。

43号の断簡に見える言葉であるが。

……《前略》此せつの　かびたんさんハ《カピタンさんは》　いか〱ニ《厳〻に》　御ざ候や　そんじざつ《りカ》　こまハり候うて《困り候て》
そのへやへ《その部屋へ》　い申候とハ《居申し候とハ》　あなた様の部屋へ《あなた様の部屋へ》　い申候ろとわ《居申候とは》　いか〱のちがいと《違いと》
すこしわ《少しは》　おんさつし下されましく《御察し下されましく》……

と見える。今度来日のカピタンが、どんな人柄の方かわからず「花」が困っている様子。いままでブロムホフの居た部屋に新たに来日したカピタンが入り込んでしまっている様子。どうしてこうなってしまったのか、察してほしい様子である。

新・旧来日のオランダ人と、使用している部屋、遊女が通う馴染み深い部屋とその主。これをめぐって、単なる遊女の戸惑い、とみてしまうこともできよう。しかし、一歩、踏み込んでみたとしたら、微妙な問題、いや、かなり重大な問題が潜んでいるのではないか、とも思えてならない。

そこで考えてみたいのが、出島の建物と部屋の使用をめぐる「交替」の問題である。

出島の建物の数と部屋数は限られた数である。出島に上陸して来る商館員は、せいぜい十数人と限られ、多くの船員は船上での水上生活である。

出島の建物には、オランダ人使用の建物と、日本人が管理上使用する建物とがある。

オランダ人が使用する建物として、オランダ東インド会社の貿易品を保管する倉庫であるリリーとドールン、日本名い蔵とろ蔵は本書でもたびたびふれたがよく知られている。甲比丹部屋、船頭部屋、医師部屋などと、指定されている部屋がある。その他の建物は誰がどのように使用するのか、交替はどのようにして決定され、交替されるのだろうか。このようなことは、いままでの研究書において触れられることはなかった。

考えてみると、出島の運営をめぐって、重要なこと、いや重大なことといわなければならない。出島の建物は、通常、一階が倉庫、二階が生活の空間である。一番部屋から何番部屋まで商館員が滞在中生活する。各部屋の階下の倉庫に各人別の脇荷物が入れられる。したがって、例えば売れ筋のサフランなどは各部屋のリストに見えているのである（片桐一男『開かれた鎖国』に紹介しておいた「本方荷物」「脇荷物」のリストで理解できる）。

二階が生活空間であったから、冒頭で紹介した出島図の建物の二階に遊女の顔が沢山見えていたのである。

毎夏のオランダ船の来航時に、即座に必要となり、考えねばならず、割り振り、決定しなければならない問題の一つが、商館員の誰がどの部屋に入って使用するか、である。新・旧カピタンをはじめとして、新・旧商館員が、どの建物に入るか、一つの建物のなかでも、どの部屋に入るのか、それぞれの脇荷物や手廻り品はどのように置くのか、一見、小さな問題のようであるが、これは大きな重要問題である。

「花」が戸惑って、訴えた言葉にヒントを得て、その裏を読み取ろうとして、期せずして、出島における、生活上の重要問題に行き当ったという次第である。単に「カピタン部屋」という建物であっても、そのなかの遊女部屋の使用、その他の部屋の使用をめぐって、新・旧のカピタンや上級商館員がどのように使用したのか、譲り合っていたのか、それとも奪い合いを展開していたのか、なかなか、目の離せない重要問題である。

一切は、今後の課題としなければならない。今後、後続の研究者に根気よく具体的事例を追って、検討してもらいたいものである。

44号の断簡を覗いてみる。

……そもふじ様《其文字様》のことお《を》、よく〳〵、志のきいたすと《凌ぎいたすと》　つねニおもいくらし《常に想い過し》　まいらせ候《ております》

此せつハ《此の節は》　あなた様のところへ　まいり候ても《参り候ても》　よろしく御ざ候と《よろしいでしょうかと》　さっし候へとも《察しておりますが》

きょねんより《(去年より)》 みな〱《(皆ゝ)》 たゆうしともが《(太夫どもが)》 そもふじ様と《(そもじ様＝あなた様)》 わたくしと《(私と)》 いか〱の
うわさへ《(噂に)》 あいなり候ゆへ《(なっておりますので……)》 ニ……

出島のカピタンや商館員のところへ、呼ばれて行く、遊女たち同士の間で、いろいろ噂が立ったり、中傷しあったり、僻んだり、自慢したり、落ち込んだり、これらのことが生ずるのは日常茶飯事のことであったとは思われる。しかし、手紙でこのようにはっきり読み取れることは、思いのほか珍しいこととといわねばならない。

45号に見える言葉であるが、

……また〱 わたくし あるひとへ 申しおき《(申し置き)》候ゆへ さためし《(定めし)》 そもふじ様へも《(そもじ＝あなた様へも)》
御申しなされ様ろと《(申されたのかと)》 さっしまいらせ候《(察しております)》

と見える。噂されたり、中傷されるだけではすまされない。こちらからも、間接的に相手に伝わるように、積極的に発信しておかなければならない。伝わるように仕組んでおかなければならない。噂を流しておかなければならない……ということのようであることなのかもしれない。

遊女たちが、おたがいに、このようなことをし合っていたら、どうだろうか。とても、大変な業界であった、と察せられる。現今の、いろいろな業界や会社において見られる問題と、そっくり同じである。

37号断簡に次のような一節がみえる。

……わたくしハ あなた様の おんかへりなされ《（御帰りなさいました）》候 あとより《（後より）》 かへり《（帰り）》申候 また〳〵
あなた様ハ けいこと《（芸子を）》 おんつれなされて《（お連れなされて）》 おもしろくて おんかへり《（御帰り）》なされ候と《（なさったのだと）》 存
わたくしみました《（私みました）》

まつハ あら〳〵かしく

馴染みに思っているカピタンさんが、他の芸子を連れて楽しそうに帰って行った姿を見てしまった。「また〳〵」といっているから、ちょい、ちょいあったことのようだ。嫉妬の気持ちおさえがたく、このような一文を認《したた》めて、使いの者に持たせたのであろう。それでも、今後のことがあるから、ぐっと心をおさえて、「まずはあら〳〵かしく」と結んでいる。遊女の心のつらさ、遊女のしたたかさが垣間みられる。

42号断簡には、

……また〳〵くり事《繰り言》なからも　とふそや〳〵《どうぞ〳〵》　おんみすてなきよふニ《御見捨てなきように》　此よし《此の由》
おんねがいあけまいらせ候《御願い申し上げます》　そもふじ様《あなた様》　御事ハ《のことは》　けしてわすれもふさす候《決して忘れ申さずにおります》　あなた様の
御心がわりなきよふニ《御心変りなきように》　おんねかいあけまいらせ候《御願い上げ申し上げます》

と。たとえ、どんなことがあろうとも、お見捨てなきよう、お心変りなきよう、ひたすらお願いする「花」であった。「まずは　あらあら　めでたく　かしく」と結んで「か様」と宛てている。営業用の手紙といえば、言い過ぎになるかもしれない。しかし、本心からか、といえば、本当か、と問うてもみたくなる。背後にはたらく、楼主や遣り手の顔もちらついてみえる。

46号断簡をみると、

……たとへ　わたくし《たとえ、私が》　かの不ふへまいり候ても《彼の方へまいりましても》　けして〳〵《決して決して》　そもふじ様へ《そもじ様＝あなた様へ》
おめもふじいたずことハ《お会いすることは》　わすす〔れ〕もふさす候《忘れることはありません》……

と見える。楼主・遣り手の指図には従って、別の人のところへ行かなければならなかったようである。辛いところだったのかもしれない。

……なニふん〳〵《（何分〳〵）》 そもふじ様の御心かわりなきよふニ《（そもじ様＝あなた様の御心変りなきように）》 此よし ひとへニ〳〵《（ひとえに〳〵）》
此事ばかりハ よろしく おんねかいあけまいらせ候……

と、ひたすらお願いしている。
67号断簡では、

……おなか《（お腹）》 あんばいあしく《（按配悪しく）》候ゆへ…… ……そもふじ様の《（そもじ様＝あなた様の）》 御ねつわ《（御熱は）》
いか〳〵ニて御ざ候や《（いかがでございますか）》 それのみ あんじくらしまいらせ候《（案じて過しております）》……

「花」は自身の腹の具合いの悪いことを知らせる（だから出島へ行けないことを知らせ）とともに、

ブロムホフの「お熱」のことを心配して、申し送っている。ブロムホフは病身がちで、発熱して苦しんでいることが、多かったらしく、他にも「発熱」の様子を伝える手紙が多くみられる。機嫌が悪く、立腹しがちでもあったらしい。

だから、

さくしつハ《（昨日は）》　わたくしハ《（私は）》　おもしろく御ざ候へとも《（面白かったのですが）》　あなた様わ《（あなた様は）》
ちともおもしろく御ざなくとおもい候……《（ちっとも面白くない様子とおもいまして……）》　（71号）

というようなこともあった。

いずれにしても、

……いときも《（一刻も）》　はやく　おんよひへ《（御呼び）》　御つかわし下され《（御遣わし下され）》まじ……

一刻も早く出島へ呼ぶ使者を下さるように、と、ひたすらお願いしている。

Ⅲ　日蘭交流における蘭人と遊女と通詞

前章では、出島で生き、出島で働いた、阿蘭陀通詞や遊女の生活の様子を、ブロムホフが保存していた来翰に読み取ってみた。その理解を一段と深め得ると思える資料と、遊女が必要であったとわかる資料とが、手許に集まったので紹介しておきたい。

一　乗船員名簿から来日蘭人の年齢を見る

――独身の若者たち――

鎖国時代、長崎港にオランダ船が入津すると、その船の乗員は、わが官憲による点呼を受け、布教と密貿易の厳禁と、滞在中に守るべき諸規定を聞かされ、注意書の掲示を見せられたものである。

点呼の際、拠りどころとなる乗船員名簿を和解（翻訳）することは、阿蘭陀通詞に課された重要なる職務の一つであった。

そこで、この乗船員名簿から来日したオランダ商館員の年齢を知って、在日中、ことに出島に滞在中、遊女を必要としたことを検証できないか、と考えてみた。

乗船員名簿のオランダ語原文と通詞の訳文が揃って伝存している例は極めて稀である。いまま

阿蘭陀船乗組人数名歳并諸荷物書留

図１　『阿蘭陀船乗組人数名歳并諸荷物書留』表紙（鹿児島大学附属図書館　玉里文庫蔵）

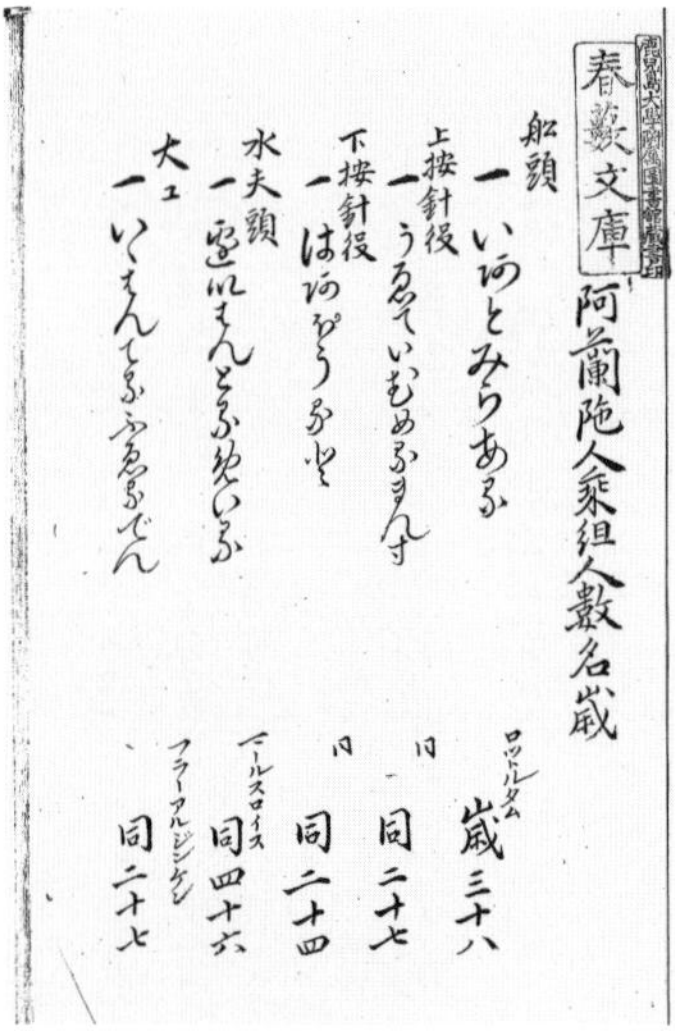
春藪文庫　阿蘭陀人乗組人数名歳

船頭　歳三十八
上按針役　同二十七
下按針役　同二十四
水夫頭　同四十六
大工　同二十七

図２　『阿蘭陀船乗組人数名歳并諸荷物書留』冒頭部分（鹿児島大学附属図書館　玉里文庫蔵）

で耳にしていない。幸いにも、一八三三年七月二一日（天保四年六月五日）長崎入港のフレガット船プリンセス・マリアンヌPrinces Marianne号の乗船員名簿の原文と訳文（表1・2）を揃えて見ることができる。ハーグの国立古文書館には沢山オランダ語文の名簿が保存されている。通詞の訳文は鹿児島大学図書館玉里文庫所蔵『阿蘭陀船乗組人数名歳并諸荷物書留』（図1・2）によっている。一年分というか、一船分というか、全乗船人の役名・氏名・出身地・年齢を完全に把握することができる好例である。長年の調査・研究において、オランダ語文の乗船人名簿と日本語訳文の揃って得られた例はこの一例のみである。貴重な実例といわね

表１　Princes Marianne の Monsterrol　プリンセス・マリアンヌ号の乗船人名簿（原本はハーグ　国立文書館蔵）

Monsterrol van het Schip Princes Marianne.

Qualiteit	Namen	Oud jaren	Geboorte plaats
Kapitein	J.Admiraal	38	Rotterdam
1^e Stuurman	W. timmermans	27	d°
2^e d°	H.Poort	24	d°
Bootsman	P.van der Meer	46	Maassluis
1^e Timmerman	J.van der Velden	27	Vlaardingen
2^e d°	P.Kobel	22	Rotterdam
Zeilemaker	C.J.Dam Hulshoff	21	d°
Kok	Floris Kleinge	39	d°
Hofmeester	F.Mast	25	Middelburg
Koksmaat	W.Bletterswijk	16	Rotterdam
Matroos	W.Oldendorp	25	d°
d°	H.P.de Beer	31	Hoogezand
d°	C.C.de Haan	21	Sapmeer
d°	J.de Graaf	26	Vlaardingen
d°	W.Oldenburg	23	Rotterdam
d°	A.van Dijk	36	Vlaardingen
d°	J.Visser	34	Eild Rozenburg
d°		38	Zierikzee
d°	J.G.Doets	29	Middelie
d°	Bonne B.Posthumas	38	Franeker
d°	B.R.Boonstra	34	Bergen
d°	G.Marson	25	Dordrecht
d°	R.Mulder	28	Veendam
d°	P.Baan	25	Dordreht
d°	J.Eijkenduin　Overleden	37	Amsterdam
d°	H.G.Carst	24	d°
d°	J.Mommaas	19	Zierikzee
d°	J.C.Henricks	18	Rotterdam
d°	F.Jans	21	Oude Pekelaa
d°	P.J.Zoutman	21	Veendam
d°	J.Ros	18	Middelburg
d°	A.Sirks	17	Rotterdam
d°	P.Admiraal	14	d°
d°	F.J.Matthijsen	15	Vlissingen
d°	D.Florijn	16	Rotterdam
d°	S.Kikkert	16	Vlaardingen
d°	A.V.W.Jurriaansc	15	Rotterdam
d°	J.van der Waal	25	d°
d°		25	d°
	Passagiers		
Doctor	G.H.Verdam	32	Muiden
Ambtenaar	J.E.Niemann	37	Amsterdam
d°	A.Manuel	36	Dern
d°	C.H.de Villeneuve	34	‘s Gravenhage
Jongen	Minkar	20	Batavia
d°	Dipa	25	d°
d°	Sidja	26	d°
d°	Lagi	20	d°
d°	Maki	20	d°
d°	Carel	40	d°
d°	Hassan	32	d°

Desima,23 julij 1833.

ばならない。

表2 「阿蘭陀人乗組人数名歳」

船頭	いあとみらある	ロットルタム	歳三十八
上按針役	うゑていむめるまんす	同	同二十七
下按針役	はあぷうると	同	同二十四
水夫頭	へいはんとるめいる	マールスロイス	同四十六
大工	いゝはんてるふゑるてん	フラーアルジンケン	同二十七
帆縫	せゑいゝたむひゆるすほふ	ロットルダム	同二十一
下大工	へいこうへる	同	同二十二
料理人	てろうりすきりんげ	同	同二十九
台所役	てまると	ミッドルヒルグ	同二十五
下料理人	うへへれてるめいき	ロットルタム	同　十六
水夫	うへをるてん	同	同二十五

同　一　ぱあぺいでぶうる　ホーゲサント　同二十一
同　一　せいではあん　サブメール　同二十一
同　一　いいでがらふ　フラールデンゲン　同二十六
同　一　うえをるでんびゆるぐ　ロットルタム　同二十三
水夫　一　あゝはんでいき　歳三十六
同　一　いゝふいする　同三十四
同　一　はんてるめい　同三十八
同　一　いゝげえとうつ　同二十九
同　一　ほんねへえふるすへえめいす　同三十八
同　一　べえゑるろうんすたら　ヘルゲン　同三十四
同　一　げえまるそん　ドルデュルフト　同二十五
同　一　ゑるめえまでる　ヘーンタム　同二十八
同　一　ぺえばあるす　ドルデュルフト　同二十五
同　一　いいへいけんでいん　アムストルタム　同三十七

水夫　一　はゝけかれすと　アムストルタム　歳二十四
同　一　いいもむまあす　シーリッキゼイ　同十九
同　一　いいせえへんりつす　ロットルダム　同十八
同　一　てえやんす　ヲウデヘケラー　同二十一
同　一　ぺいいいろうすまん　ヘーンタム　同二十一
同　一　げえろす　ミツトルビルグ　同十八
同　一　あゝしゆるくす　ロットルタム　同十七
同　一　べあどみらある　同　同十七
同　一　ていまつていせん　フリッスシンゲン　同十五
同　一　でとろいん　ロットルタム　同十六
水夫　一　ゐすきつけると　フラーアルデインケン　歳十六
同　一　あるゐふうえよりいあゝんせ　ロットルタム　同十五
同　一　いはんでるわある　同　同二十五
外科　一　けはあふるたむ　モイデン　同三十二

へとる　一　よはんねするゑるでういんにいまん　アムストルタム　同三十七
筆者　一　あるへるとまにゑる　ベレン　同三十四
同　一　かるれすひふへるとてね　カラーヘンハアゲ　同三十三
黒坊　一　みんかる　ジャカタラ　同　二十
同　一　ていぱ　同　同二十五
同　一　しいでやん　同　同二十六
黒坊　一　らあき　ジャガラタ　歳　二十
同　一　まき　同　同　二十
同　一　かあれる　同　同　四十
同　一　はるさん　同　同三十二

〆四十九人　内四十二人　阿蘭陀人
七人　黒坊

訳文の残存例が少ないこともあって、このように原文・訳文のよく合っている例は稀である。いや、これが唯一の実例である。

それにしても、原文の表題が「プリンセス・マリアンヌ号の船員名簿」とあるのを訳文に「阿蘭陀人乗組人数名歳」としたのは、おそらく通詞団における翻訳業務の仕来りによったものと思われる。人名は、いずれもファースト・ネームの頭文字のオランダ語読みと姓を連続して読み、そのまま仮名表記にしたものが通詞の訳文であることが判明する。したがって、逆に訳文から原名を翻字することはきわめて困難である。いや、不可能である。この例からして、他に訳文のみ残存している場合でも原名を翻字・判読することは不可能なのである。訳文に原文が揃ってはじめて調査・研究が緒につくというわけである。原文では、ドクトル以下の商館員を船員と区別して「船客」としているが、訳文ではその区別なく、続けて記載している。職階名の訳に注目したい。「阿蘭陀名目語」「和蘭称謂」等にみえる訳と共通しており、それらの書が訳司必用の書であったことが、ここでも再確認できる。人名の順序は一ヵ所前後しているほかはよく一致している。やがて商館長となるニーマンの名が原文ではJ. E. Niemannと略記されているのに、訳文ではフルネームJohann Erdewin Niemannの仮名表記となっている。これなどは、蘭船の入津に際して奉行所から検使船が仕立てられ、高鉾島（パーペンベルフ）前の所定位置で臨検が行なわれる際、役掛りの者の有無を問い質しているような留意点のあることからして、点呼の際にフルネームで確認していることの証左と思われて注目に値する。ニーマンの肩書きは、原文では単に「職員」となっているが、訳文では「へとる」としている。次席館員として赴任したからであろう。ちなみに、ニーマンはこの秋バタビアに帰り、翌年再び来日、その一二月一日から一八三八年一一月一七日まで商館長として在職した。出身地名・歳は特に問題はなさそうである。その他、人名・地名の表記で、やや気になるところがまま見受けられるが、当時、通詞の読みくせが読みとれるようで参考になる。原文に、水夫の J. Eijkenduin の欄に Overleden「死亡」と追記されていて、訳文にその注記のないのは、点呼後の死去によるものであろう。

さて、この乗船員名簿を取り上げた本来の目的に話を戻そう。

船員は、船長は三十八歳のベテランらしい。船員の多くは十代、二十代の若者である。出島に上陸するオランダ商館員は船員に比して、平均年齢はやや高い。とはいっても、せいぜい三十代どまりである。ジャガタラから小使として連れてきたヨンケン（黒坊）が全員二十代の若者である。

右の船員、商館員、小使たち、全員が単身赴任である。重労働に従事し、命がけで働く船員、若い海の男たち、ストレスのたまる商館員たちであった。ここに、出島へ通う阿蘭陀行き遊女の必要があったのである。在日滞在中も船上生活を続ける船員たち。遊女の手紙から船上のオランダ人のもとへ通う遊女のいたことも本書で判明したことである。

日蘭貿易の日常業務が、このように遊女と通詞によって支えられていた点の大きかったことが納得できる。だから、出島は「遊女の出島か、通詞の出島か」と思われるのである。

二　長崎屋の娘つるとみのの手紙

——書いたのは誰？　読んであげたのは誰？——

同じく、ブロムホフ文書のなかに、歴代のオランダ商館長一行が江戸における定宿としていた長崎屋の娘つるとみのが商館長ブロムホフに宛てた手紙が二通含まれている。

1　蘭文の手紙

まず、蘭文の手紙を判読のうえ、翻字してみれば次の通りである（図3）。

WelEdele groot Achtbaar Heer
OpperHoofd
BlomHof

Wij hebben ten hoogsten verpligt en Dankbaarheid dat UWEd: Aangezondene 2 peesen vergulde Kelkje,12 peesen kleijne knoopie en 2 peesen vingerring wel vast ontfangen,'t welke onse Eeuwig niet vergeeten ; wij lieden altoos zeer verwagten dat UWEd: nog maals op Jedo aankomen; hier nevenste

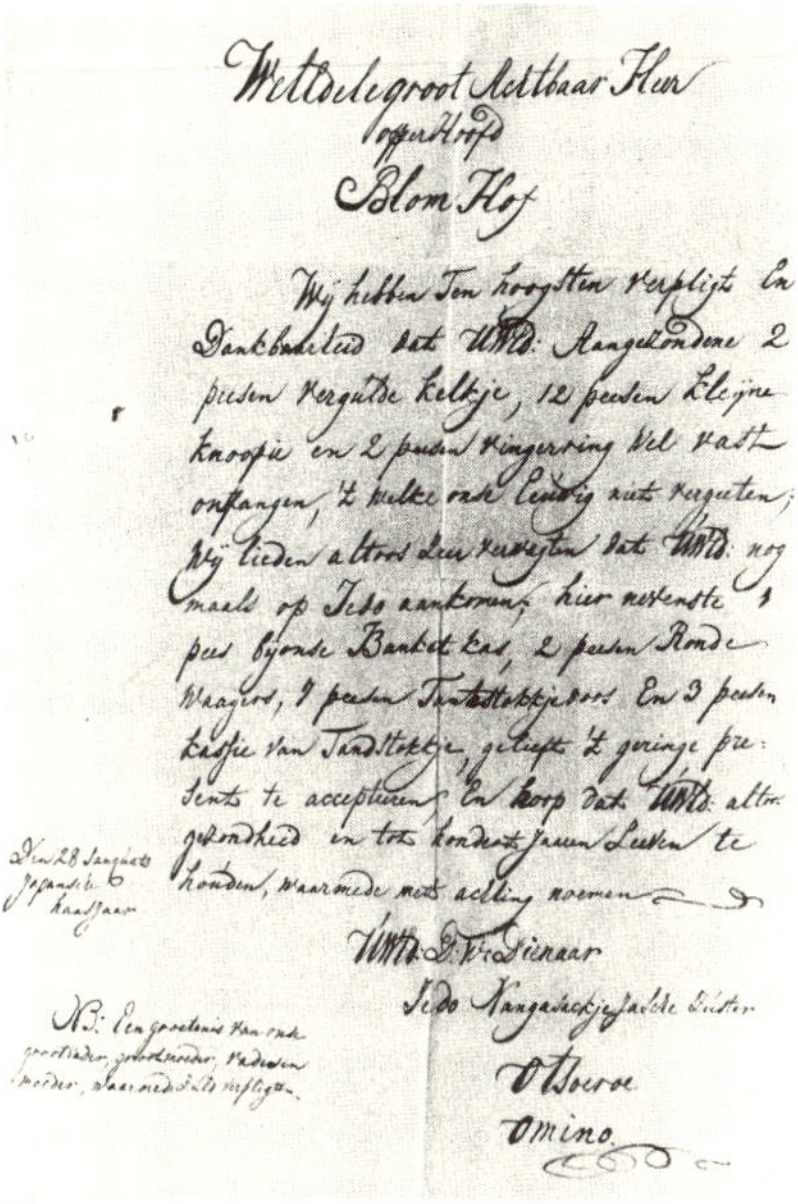

図３　長崎屋の娘、おつる・おみの、蘭文手紙（「ブロムホフ文書」）（ハーグ　国立文書館蔵）

1 pees bijonse Banket kas, 2peesen Ronde waaijers, 7 peesen Tantstokkje doos En 3 peesen kassie van Tandstokkje, gelieft 't geringe present te accepteeren, En hoop dat UWEd: altoos gezondheid en tot hondert Jaaren Leeven te houden,waarmede met achting noemen.

Den 28 Sanquats
Japansche
haasjaar

UWEd: D: W: Dienaar
Jedo Nangasackjejasche Zuster
Otsoeroe
Omino

NB;Een groetenis
van onse grootvader,
grootmoeder,vader
en moeder,waar-
mede Zuld verpligten.

〔訳文〕

いとも尊敬せる商館長
ブロムホフ様

私たちは、貴方様が贈って下さった二ツの金の縁付きコップ、一二ケの小さなボタンと二個の指輪を確かに受け取りましたことに対し、大変有難く、感謝いたしております。このどれも私たちをして終身忘れさせません。私たちは常に貴方様がもう一度江戸に来られますことをとても期待いたしております。ここに私たちの御菓子の箱一ツ、円い扇子二本、象牙材の箱七ツと象牙材の桂皮三ツを差し上げますので、快くこの粗末な贈物を受け取って下さるように。そして、貴方様が常に御健康で、百歳までも迎えられますよう望んでおります。かしく。

いとも尊き方のしもべ
江戸の長崎屋の娘
おつる
おみの

日本の卯年
三月二十八日

注意、私どもの
祖父、祖母、父、
母がよろしくと
御挨拶しており

ます。

なかなかのびやかな筆の蘭文一通である。「日本の卯年」とあるから、文政二年（一八一九）の三月二十八日付のものとわかる。してみれば、独立回復後のオランダの対日貿易額回復の任をおびて、文化十四年（一八一七）夏、商館長として再来日したブロムホフが、長崎奉行を通じて貿易額の増加を運動し、翌文政元年（一八一八）江戸参府の折も熱心に運動した結果、同年は年額六〇万斤《きん》（現在の約三六万キロ）のほかに一〇年間年々三〇万斤（一八万キロ）の増銅を許され、更に翌年には明年分の銅を繰り上げて一〇〇万斤（六万キロ）の輸出を許された、まさにその年の春のことと判明する。歴代商館長の定宿の家族という親しさに加えて、ブロムホフ自身が幅広く日本人との親交を推しすすめていた時期に相当する一翰であることがわかる。参府の翌年すなわち参府休年のこの年、おそらく参府休年出府通詞一行の東上に際して、親しく、舶載のコップやボタンに加えて、長崎屋の二人の娘に、それぞれ指輪を贈り届けたブロムホフの好意に対して、おつるとおみのの両嬢が返礼の四品に本状を添え、その健康を祈り、加えて、祖父母、父母からの挨拶の趣きをも書き添えたものであることが判明する。

長崎屋のことは、その名が知られているのに反してさっぱりわかっていない。この時点で三世代が揃って健在で、娘二人を持った長崎屋、その娘たちもブロムホフが指輪を贈るほどに成長している様子となれば、そこにおのずから華やいだ江戸の商家の一面が浮かびあがってくるようで

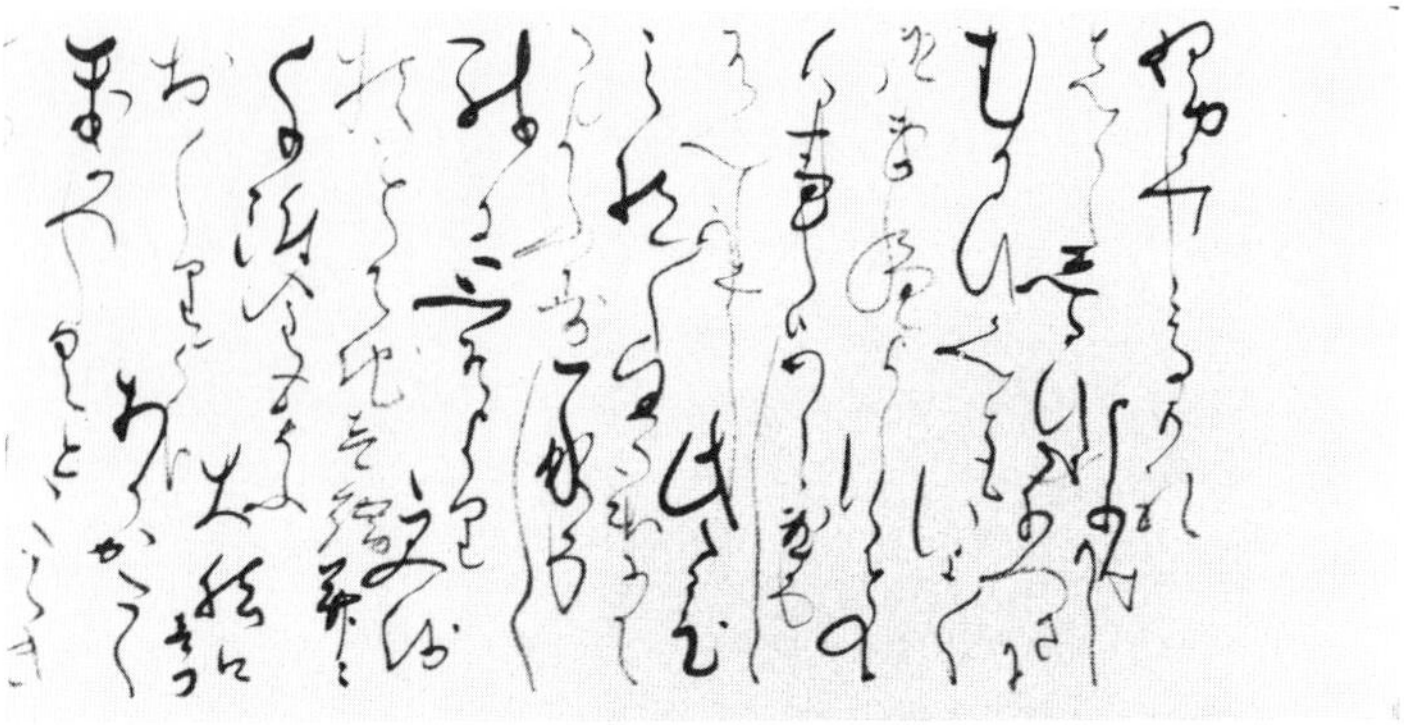

図４　長崎屋の娘、おつる・おみの、和文手紙（「ブロムホフ文書」）
（ハーグ　国立文書館蔵）

ある。

2　和文の手紙

次に和文の手紙の文面を読んでみれば次の通りである（図４）。

御ふみ之事御礼申あけまいらせ候、先〳〵したひに
御あつさにむかひ候へとも、いよ〳〵御機嫌よくい
らせられ候御事、御めて度うれしくそんし上まいら
せ候、此たひみな〳〵様御出にて御よふす承、うれ
しく殊に思召により更紗おもて地壱端幷ニ手附金も
よふ大猪口壱ツおくり被下、ありかたく幾久しくと
いたゝき参らせ候て、相かわらす御心さし様のほと
浅からす〳〵とミな〳〵ありかたかりまいらせ候而、
厚〳〵御礼申上たく申付候、右ニ付、近比そまつに
御座候得とも、紅板〆縮緬壱反幷錦絵態と御めにか
けまいらせ候、誠ニ〳〵御礼申上候しるしまてに御

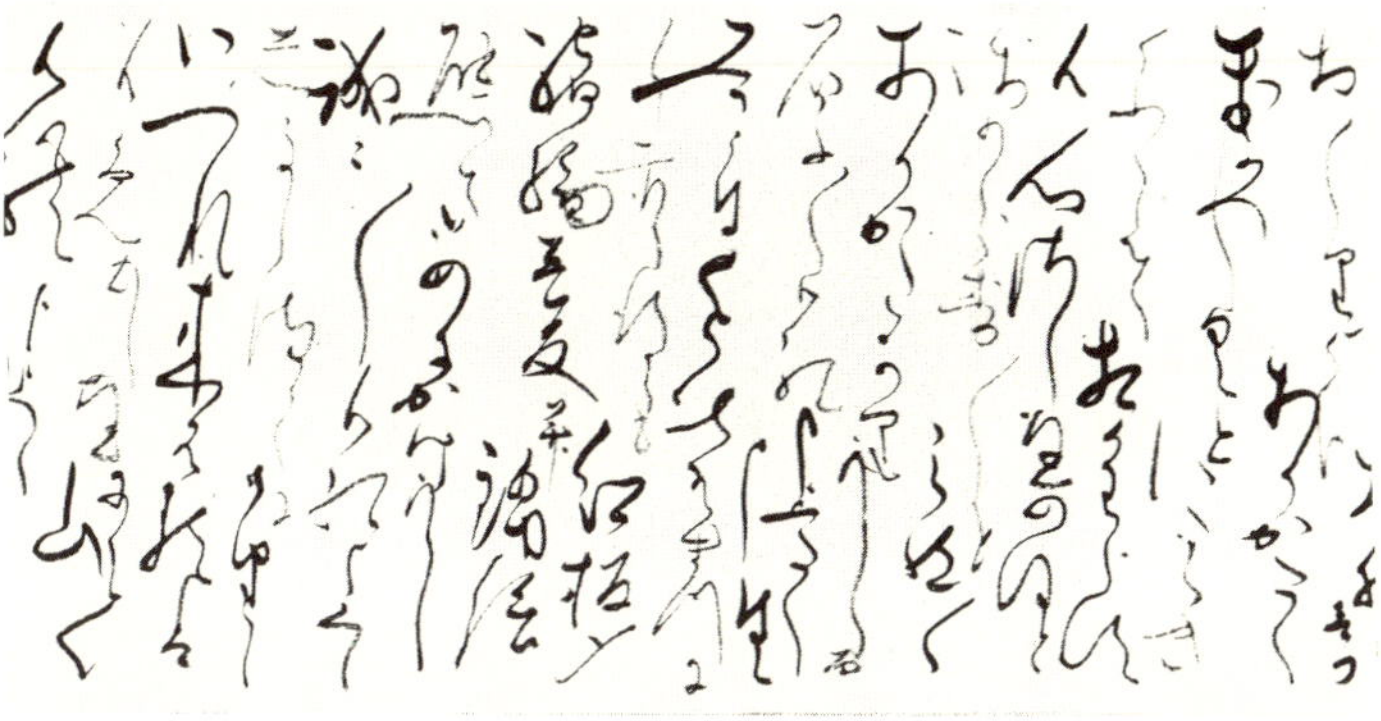

坐候、いつれ来はるは御めもし様にて、山〱御礼
申上候、めて度
かしく

卯月朔日　　　長崎屋
つる
ミの

かひたん様

返〱折からすい分〱御いとゐ游し候様、そんし
上まいらせ候、みな〱くれ〱よろしく申上たく
申付候、めてたく
かしく

水茎の跡も麗わしい三十七行にわたる文面である。内容はブロムホフからの書翰と更紗表地一反ならびに大猪口一つとの贈物に対する礼を述べ、返礼として縮緬一反と錦絵とを贈り、来春再会の機に礼を述べたいと記したものである。

本状には発信年の記載がない。しかし、文中に「来は

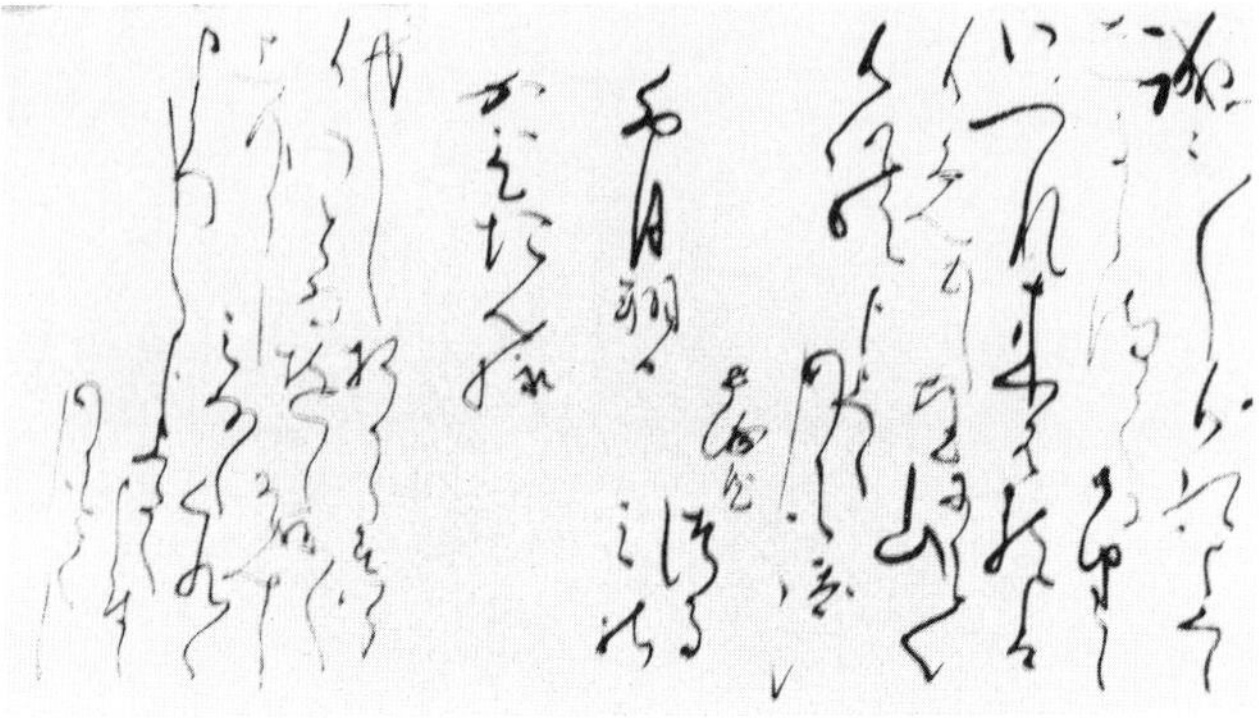

るは御めもしさまにて、御礼申上候」とある文言に注目したい。前掲の蘭文書状の内容からして長崎屋の家族とブロムホフとの交歓はすでに第一回参府の文政元年（一八一八）以来のものであることがわかり、来春の参府東上の機会を予定的に期待している文面から、本状はブロムホフが第二回目の参府をした前年の文政四年（一八二一）卯月朔日のものと判明する。「此たひミなく〱さま御出にて」とは、当文政四年春に蘭人参府休年につき、商館長から半減の献上物にのみ警護して東上してきた参府休年出府通詞一行のことをさすと考えられる。このようにみてくれれば、前蘭文書状にみえる船載の珍品を贈り届けたのも参府休年出府通詞であったであろうと見るのも、その日付が春のうちであることからして首肯できようというものである。

3　両年度の参府休年出府通詞

ところで、このようにのびやかなオランダ語の筆跡と蘭文を長崎屋の娘が認め得たであろうか。また、このような水茎の跡も麗わしい日本文字を、しかも女性の言葉を、ブロムホフがそのまま判読し、理解し得たであろうか。どちらも否定的な判断を下さざるを得ない。

いずれの場合も、通詞の仲介があってはじめて両者の意志の疎通が可能であったことと察せられる。

文政二年（一八一九）春の参府休年出府通詞は、大通詞が石橋助左衛門、小通詞が加福新右衛門であった。文政四年の春は大通詞が横山勝之丞、小通詞が岩瀬弥十郎であって、見習として岩瀬弥七郎が随行していた（片桐一男「参府休年出府通詞について」（『阿蘭陀通詞の研究』所収）。

蘭文の筆跡が石橋助左衛門であるか、加福新右衛門のそれであるかは、にわかに決し難いが、いずれも有能な通詞で、公的通弁や翻訳に従事しているとともに、長崎屋を訪れる人々たとえば鷹見泉石などと知的親交を結んで通弁・翻訳に当たっている面々であったから、長崎屋の家族とももちろん昵懇の間柄にあって、手紙の翻訳、書かれた手紙の内容説明等に当ったであろうことは容易に察せられる（片桐一男『蘭学家老　鷹見泉石の来翰を読む――蘭学篇――』岩波ブックセンター、二〇一三年）。

それにしても、このようなかたちで、舶載の珍品が長崎屋の家族の手に入ったものもあるということが確認されたわけであるが、これは長崎屋に限ったことではなく、京の海老屋、下関の伊藤家など蘭癖のオランダ宿の主人や家族の間でもみられたことと察せられる（片桐一男「蘭医フェイルケの富士図」『古美術』第七二号、一九八四年十月、片桐一男「カピタン宛て長崎屋の娘の手紙と阿蘭陀通詞」『日本歴史』第四四七号、一九八五年八月）。

なお、私的交流という点では、日蘭貿易の本方荷物《もとかたにもの》や脇荷物《わきにもの》のリストに見えない書物について、通詞・蘭学者の間で盛んに蘭書の売り買いや貸与・閲覧の場になっていた長崎屋のことも、おもい出される（片桐一男「杉田玄白と長崎屋」『杉田玄白評論集』勉誠出版、二〇一七年）。

三　大槻玄沢の頼み
——江戸の蘭学者、通詞が頼り——

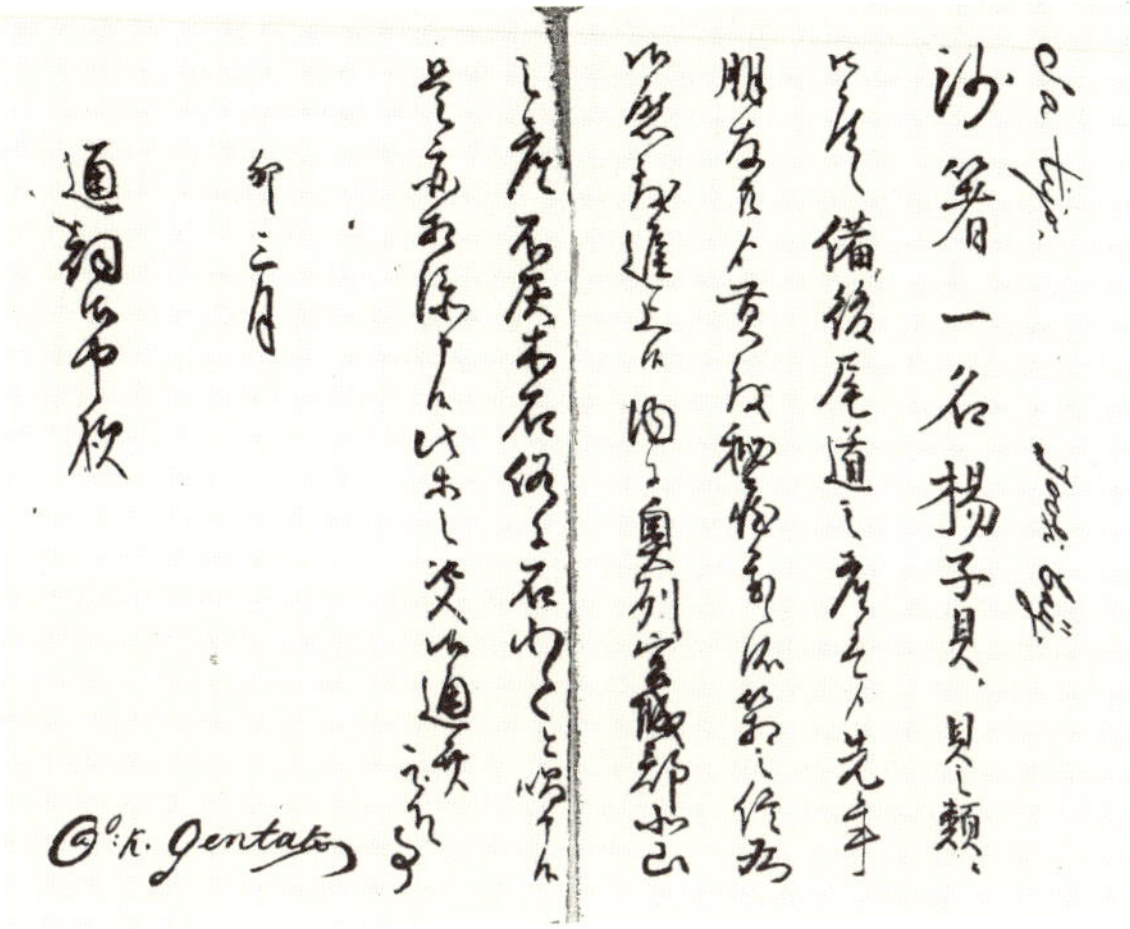
図5　大槻玄沢の通詞宛て書翰（ハーグ　国立文書館蔵）

ブロムホフ文書の44号は江戸の中心的蘭学者大槻玄沢が長崎の阿蘭陀通詞に宛てた一翰である。

まず、一読してみよう（図5）。

Sa tijo　　Joosi baij
沙箸　一名　楊子貝　貝之類ニ御座候、備
後尾道之産にて候、先年朋友共ゟ貰致秘蔵
置候所、箱之侭為御慰致進上候、内に奥州
宮城郡北山之産　不灰木石俗に石わたと唱
申候、是亦相添申候、此等之決御通弁可被
下候事

卯三月

通詞御中様

O$^{\underline{\underline{o}}}$k. gentak

ここにみえる署名O$^{\underline{\underline{o}}}$k. Gentakは静嘉堂文庫に収まっている大槻文庫の『西賓対晤』にみえるサインと同じもので、大槻玄沢がオランダ商館員のサインの仕方を真似て認めたサインである。O$^{\underline{\underline{o}}}$はOを二回くりかえす。k.はkを一回、それにgentakを加えている。例えば、Jan Cock BlomhoffをJ. C. Blomhoffとサインするオランダ人のサインの仕方を真似ているのである。このようなサインの仕方が阿蘭陀通詞や江戸の蘭学者の間に流行していた。

阿蘭陀通詞に宛てた本翰の内容は、朋友から貰って秘蔵していた備後尾道産のSa tijo沙箸、一名Joosi baij楊子貝に、奥州産の石綿（現・アスベスト）を添えて贈った贈り状である。「御通弁下さるべく候」と言っていることと、本翰がブロムホフ・コレクションに含まれていることから、大槻玄沢が親しく相識の間柄にあるブロムホフに贈りたかったものと察せられる。宛先に「通詞御中様」としているから、本翰のオランダ語訳を頼み、訳文を添えて贈り物両品の贈呈方を依頼したことがわかる。ブロムホフに届けられ、保存されている、というわけである。

江戸参府で東上したカピタン一行が定宿と指示されていた日本橋の長崎屋に滞在の間、訪問に押し掛けた江戸の蘭方医や蘭学者が、親交を結んだオランダ商館員が長崎の出島に帰ったあとも、交際を続け、文通をしようと希望した際、オランダ語訳という最大の障碍（ネック）があったことから、どうしても阿蘭陀通詞を頼り、その周旋《しゅうせん》によって希望を叶えてもらう以外に方法は考えられなかったことが判明する、典型的な実例といえる。このようなことも、通詞が出島の主か、と思わせられる点なのである。

四　長崎の遊女町絵図
──廓内の様子を読む──

さて、オランダ商館が平戸から長崎出島に移転した直後からはじまった遊女町の集中営業、その後、どんな盛業振りを呈したのであろうか。

まず、遊女町の町絵図をみてみよう。

長崎歴史文化博物館の「丸山町寄合町絵図」が『江戸時代図誌』第二五巻（筑摩書房、一九七七年）に掲載されている（図6）。

○此印　太夫屋　遊女代拾五匁　揚屋　送迎
◒此印　酒肴遊女代共金壱歩
●此印　酒肴遊女代共金三朱
△此印　揚ケ屋
●此色印　市中地面人家

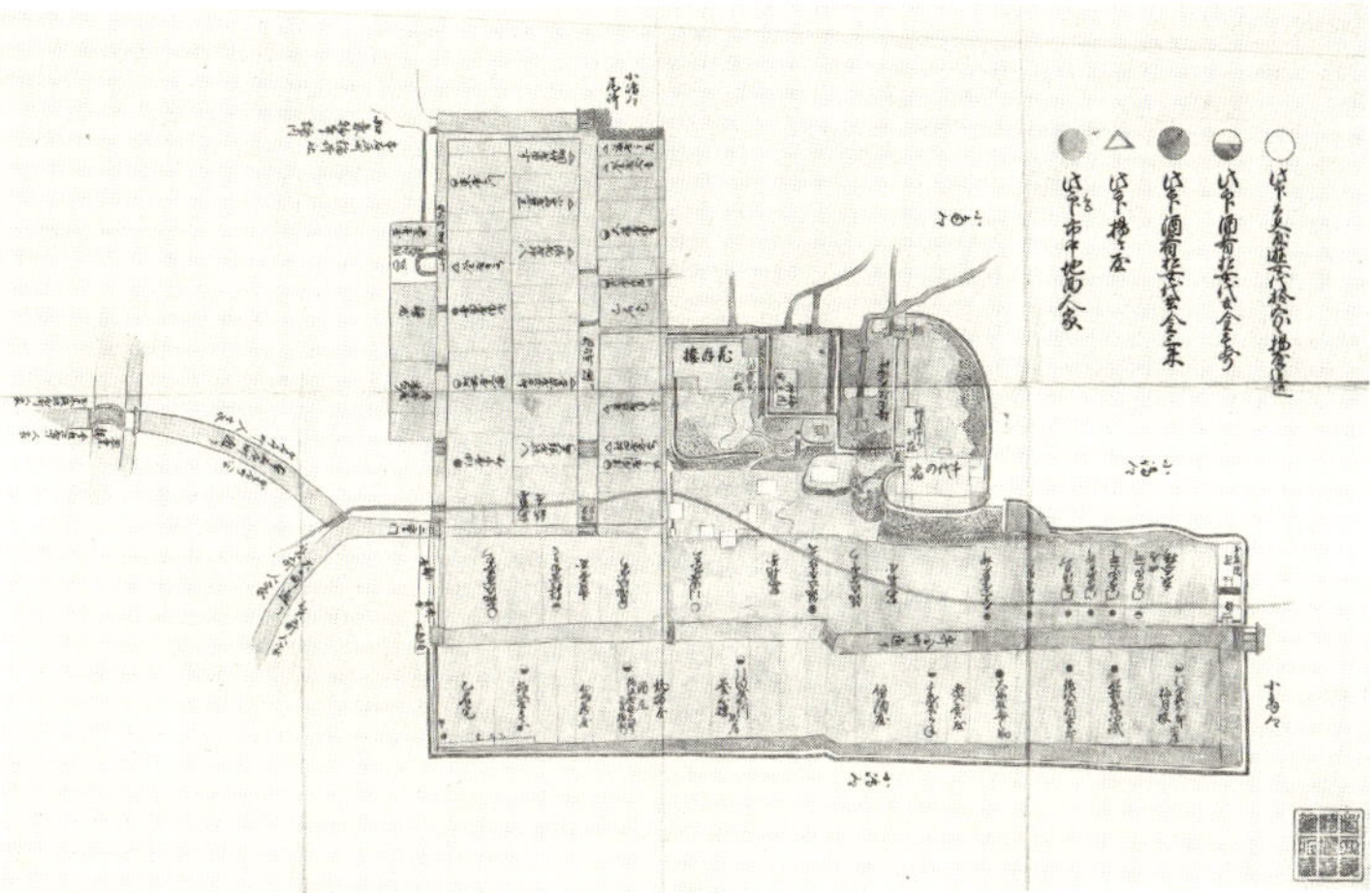

図６　遊郭丸山町寄合町の賑わい　丸山町古図（部分）（長崎歴史文化博物館蔵）

などの凡例文字と、絵図中の

千代の宿
梅園社天満神
花月楼　引田屋　別荘

の文字は判読できる。しかし、丸山町通り、寄合町通りの遊女屋名は文字が小さく不鮮明で読み切れない。

　次に、延宝版『長崎土産』所載の町絵図を見てみよう（後掲図13、一六一頁参照）。丸山町は「渚町」と「片かは町」の二町から成っている。寄合町は大門口から入って通りの奥に「是より上家おほく候へ共略ス」と省略されている。

　いずれにしても、遊女屋名は後掲の「傾城名付」にみえる遊女屋名を参考にしなければならない。

五　丸山町・寄合町の遊女たち
——太夫の数、ことば、あそび——

どんな遊女が居たか、その姿、顔立ち、食事など生活の様子はどうか。数はどれくらい数えられたものか。納得できる案内はないものか。幸いにも恰好の書物を覗き見ることができる。先にも取り上げたが、延宝版『長崎土産』がその一つである。全五巻のうち、第三巻と第四巻が、もっぱら長崎の遊女町と遊女のことを述べている。付録した「追加」に、遊女屋名と遊女の名が列記してある。遊女の序列まで示している（後掲図13、一六一頁参照）。

延宝九年（一六八一）六月板行の『長崎土産』が全五巻。去々年、すなわち、延宝七年に、長崎を

図７　五雲亭貞秀「肥前長崎丸山遊郭中之風景・肥前崎陽玉浦風景之図」
（神戸市立博物館蔵　Photo: Kobe City Museum/DNPartcom）

訪れた「前悪性大臣　嶋原金捨」という偽名を用いた人物の見物記である。その記述は詳細にわたり、ゆきとどいた観察振りから、一度や二度、長崎を訪れた遊客とは思われない。島原出身の、余ほど懐のあたたかい遊客だったのかもしれない。記述には信が置けそうである。

丸山町の「渚町」「片かは町」合わせて三十軒の遊女屋名を見ることができる。寄合町には二十七軒の遊女屋名が見えている。合わせて五十七軒の遊女屋名がみえる。

遊女は、丸山町が三三五人（内大夫六九人）、寄合町が四三一人（内大夫五八人）で、大夫のいる率は丸山町の方がよく、実数も丸山町の方が多い。現今の独立した所帯数に当たるかと思われる竈数は、丸山町が四十四で家持三十六、寄合町が五十九で家持四十と数えている。

丸山・寄合の両町が、しっかり遊女町を形成し

図 10　作者不詳「阿蘭陀人並黒坊長崎遊女」部分、江戸時代後期（神戸市立博物館蔵　Photo: Kobe City Museum/DNPartcom）カピタンらしいオランダ商館員が遊女の肩に腕をまわし、遊歩中の立ち姿。黒坊が大きな日傘をさしかけている。

図 8　二代目広重「長崎丸山の景」（佐藤要人・花咲一男共著『江戸諸国遊里図絵』三樹書房、1994 年）

図 9　川原慶賀筆「妓楼格子窓」（『青楼』所収）1823-25 年（ライデン国立民族学博物館蔵）

図12　「思案橋」（古賀十二郎『丸山遊女と唐紅毛人』所収）　出代わりで出島の門を入ろうとしている遊女3人。もう提灯を下げているから夕方である。被り物で顔をかくした男性は奉行所の高官か町年寄か、太鼓持ちもついて来ているようだ。

図11　「出島行きの遊女」（『モディー長崎版画集』）　蘭館、娼妓、出代わり図。団扇をかざし、高い履物を履いた夏姿の遊女。上の枠に描かれているオランダ商館員のもとへいくのであろう。足もとに「ホルホウート」（火喰い鳥）が二羽描かれている。

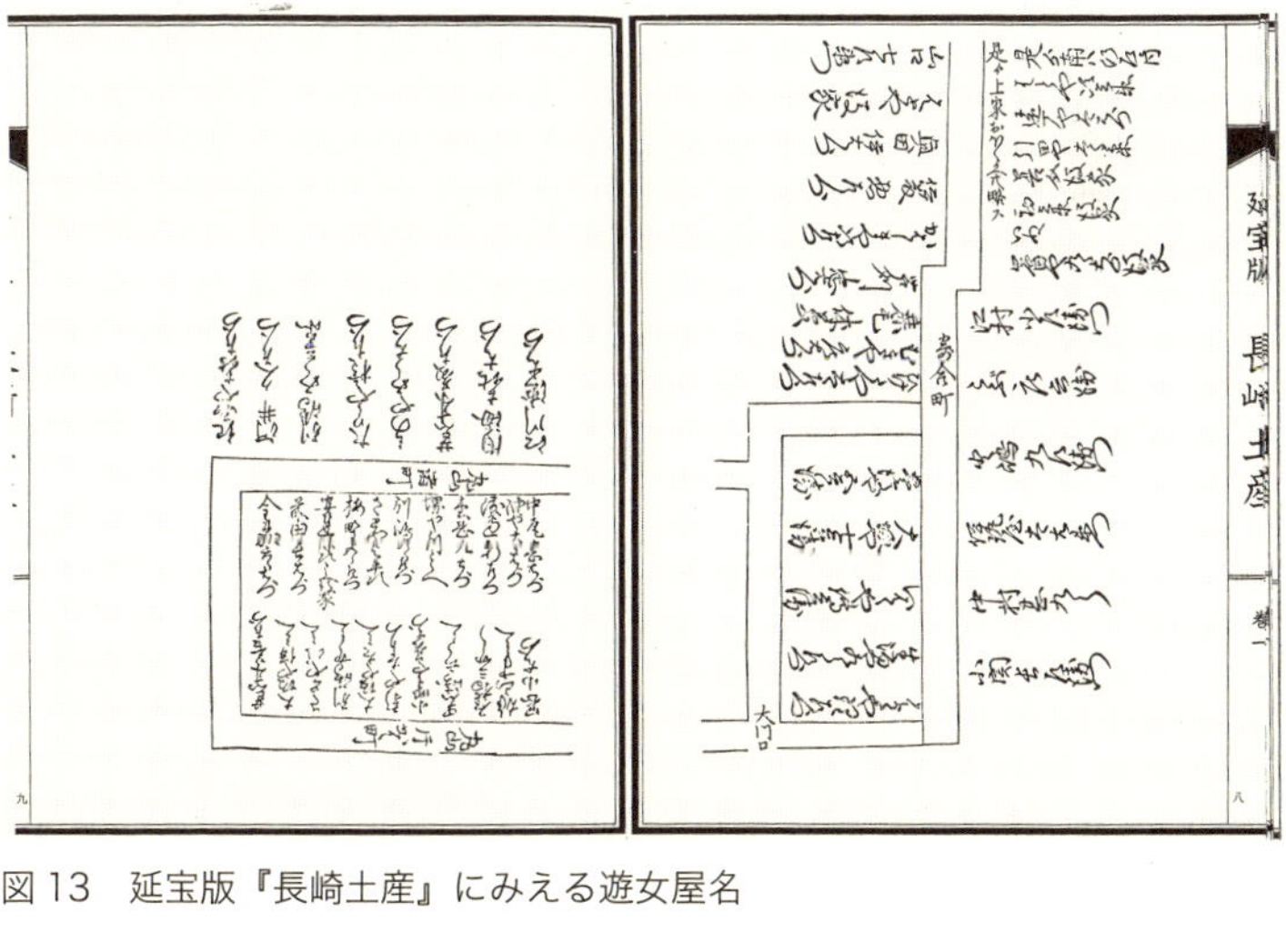

図13　延宝版『長崎土産』にみえる遊女屋名

ていること、その殷賑振りを察することができる。

さらに『長崎土産』では、丸山遊女のうち日本行十人の遊女を左方と右方に分けて、その容顔容儀を競わせ、「はかたや新右衛門後家老尼」と「入角《いりずみ》（杉）おすき後家尼」とが「判定」をする、という趣向を披露している。日本行とは、唐人や阿蘭陀人には身をまかせない遊女をいい、唐館行（唐人行）や蘭館行（阿蘭陀行）より上位とされていた。

ここでは、出島へ行く阿蘭陀行ではないから割愛しておく。

では、次に、いよいよ遊女の名を見ていくことにしよう。

長崎土産追加
丸山傾城名付　九三百卅五人内大夫六十九人（※●印は太夫）

一紀国屋喜左衛門内
かはち　さんしゆ　わかの　いせき
小やなぎ　も　中　よし田
みふね　はつせ　やしほ　くめの介
つま川

一河井久左衛門内
よし野　せんよ　いつみ
つるか　よしたか　もんざ　つしま
玉のせう　高さき

一副嶋五郎兵衛内　●まんよ　●も中　せきの
きんさく　梅かえ　よし川　つるか
よしへ　市川　はつね　かほる
やまと　さんしゆ　もんと　よし乃
八千代
一俵屋權左衛門内　●やまざき　●やまと　●定家
●はつやま　●夽か枝　●やしほ　●くも井
名月　まんよ　はつね　山しな
めいせき　かつの　花かえ　玉川
きんこ　ほのへ　はつ嶋　左源太
ふし見　おいふ　ふくしま　せきの
一美濃屋五郎右衛門内　●小太夫　●小藤　●も中
●花月　●りしせう　●まつ嶋　●うたか
●花鳥　●よつの　●もつ山　●つまのせう
●まんよ　たかお　玉かつら　小川
やまと
一荒木藤左衛門内　たしろ　小藤　あさの

たかせ
一内海喜右衛門内
くらの介
名　月
せんよ
一江川徳右衛門内
さんか
一梅屋甚右衛門内
山さき
金　作
一油屋太右衛門内
●くも井
●花　月
たき川
万大夫
いつみ
長　山

きんこ
●かりう
長　嶋
はつね
のハき
まんよ

まんこ
のかせ
やつはし
●見　川
●野　川
●もり川
みかさ
出　羽
よし田
みよし

しのた
●まんよ
吉　川
つま木

かほる

藤　川
こきん
ふし見
●やまと
●左　近
●ちとせ
まかき
さまの介
とのも

かせん
しのた
小源太

よし川

しめ
いまミや
あやめ
●花かづら
●金大夫
●長　門
小源太
くハせき
いせき

一渡邊新左衛門内　●小むらさき　●いつも　●かしう
●井　筒　●一　角　●いそ川　●小大夫
●みかさ　●金大夫　しら藤　小源太
いさき　かしハ木　河　内　よしの
つねよ　たかの
一松岡九郎右衛門後家内　さまの介　つねよ　かしは木
まんよ　きんさく　さ　川　小まん
かつらき
一堺屋理兵衛内　あつま
一副嶋九郎左衛門内　●市之允　●夕　霧　●うきはし
●やまと　●舟　州　うたか　かつやま
小さつま　よし川　万大夫　小ふち
さころも　八千代　せんじゆ　さこん
うき舟　たかお　しら藤
一佐土屋與平次内　●きぬえ　●花　鳥　●も中
●花　月　●きゝやう　●さけんた　奥　州
山　城　花その　田むら

一梅野五郎左衛門内
定　家
一安達彌次兵衛後家
千之丞
一前田長右衛門
さかみ
一金森六右衛門内
ひかき
きぬえ
一荒木善右衛門内
一大阪屋伊兵衛内
竹のせう
小きん
よし川
一佐土屋彌兵衛内
一副嶋四郎兵衛内
わこく

さまの介
うねめ
みふね
たんか
まつの
●よつの
市の
定家
よし田
●たてのせう
森川
古川
河内
みよし
とさ
さんか

越前
出羽
しら玉
こさん
かつらき
小太夫
●万大夫
まんよ
さころも
石州
●小さつま
名山
たかな
よし川
よし乃
野風

うこん
三河
やよひ
小藤
しめの
しまの介
●長門
舟州
やまと
●くらのせう
よつの
やまと
市川
左京
かしの

一大阪屋太郎兵衛内　山しろ　千之亟　ときは
雲　井　さもん　しのへ　さんか
つるか　たのも
一新屋太左衛門内　●藤　枝　●わこく　●まんよ
やしほ　吉　川　ゑちこ　きぬ川
くらの介　さまの介　はつしま　きくの
高まつ　小きん　いつも
一小柳善右衛門内　●きんしゆ　市　川　いくの
と　さ　小さつま　さんか　はつね
のわき　一　学　かしは木
一岩崎六郎兵衛内　万　作　さんか　ちとせ
いつも　やまと　まんよ　くらの介
せんじゆ　森　川　さつき　も　中
きんさく　よした　つしま　左源太
ふち野
一石橋三四郎内　はつね　よしの　ミつしま
市のせう　きぬ川　小　藤　まん月

たかね　まんよ　きぬた　たかま
一炑山半兵衛内　●さころも　●みつの　●よつの
●たけ川　●たき川　あさつま　小大夫
さこん　右京　はつしま　うてな
かせん　ちとせ　よし川　左川
いつみ　みつ嶋　磯川　せきの
一岡小右衛門内　小さくら　つしま　よし川
小太夫　磯川　舟はし　市川
左源太　たかしま　きぬ川

寄合町傾城名付印前同前九四百卌壱人内太夫五十八人

一北嶋《はかたや》利左衛門内　●長門　●定家　●勝山
万月　●高尾出　●みのり出　●小さらし
きり山　●もやま　●妻川　●花嶹
もり川　出羽　よつの
一山口《生酒や》九郎右衛門内　きんこ　●はやま　やちよ
みをの　さこん　名月　つしま

せんよ
いつも
一宮原《いはたや》傳兵衛内
吉川
一中村《大阪や》七兵衛内
●小さつま
みつの
一坂巻《ふどんや》五郎兵衛内
●さころも
●金太夫
やしほ
左京
さまの介
一山口《ひけたや》太左衛門内
●高尾
●うきふね
花鳥

たつた
小川
さつき
しま
●とさ（今丸山大阪ヤ）
●兵さく
もんノ亟
●小太夫
●みおの
小さつま
小源太
はつせ
●もろこし
●花月
●雲井
●薄雲
花川

ゑもんノ亟
わかの
こきん
よした
つしま
●金山
●かほる
●やちよ
金作
きぬゑ
●ゑつちう
小さつま
和國
名月
●金大夫

みなの亟
なかの
たまの
はや川
みさほ
●花鳥
やまと
のかせ
もなか
かしはぎ
●小太夫
万月
学
みつの

●おふしう
一森庄《むきや》右衛門内
やまと
かわ厺
一鹿毛《久留米ヤ》休夢内
きんこ
左川
はやま
一芦苅忠右衛門内
●やしほ
兵さく
定家
一庄山《かはしまや》次左衛門内
左文
花前
沢野
むめかえ

●梅かえ
つねよ
さつき
万代
●勝山
小源太
長山
ゆきの
さころも
八千代
長嶋
●は山 山口九郎右衛門ごけノ由
金しゆ
雲井
友ノ亟
いそ川
うたの

やまと
●金大夫
きぬ川
出羽
市川
妻川
川瀬
いつみ
もんと
まさノ亟
かしはき
初瀬
ミふね
みのり
みたらし
いくの

きぬえ
見かハ
山しろ
しまの介
よしの
はつせ
きんた
万代
玉川
みつせ
金月
みしを
高厺
きてう
左源太

高尾　よしの　はなの　山しな
はつね　しのふ
一伊藤惣左衛門内　尾上　たのも　たつた
いせき　きてう　初はな
一奥田伊右衛門内　柏木　まさの　万代
長山
一宗《はとや》故後家内　小源太　尾上　花前
なるみ　初音　万作
一山口七左衛門内　しつか　ときは　きんこ
左源太　出羽　玉之井
一千布百之介内　名山　小太夫　さくら井
藤しま　万代　市川　小さつま
つまの　もなか
一清兵衛後家　あさの　たまの　八しほ
とさ
一宇田喜兵衛内　たきの　のせき　しつえ
一桑原十左衛門内　八しま　三笠　小太夫

かほる　瀬川　かせん　小さくら
金州　しら玉　竜田　市川
一中村長兵衛内　初音　吉之亟　さころも
一銀右衛門後家内　よしみ　桜木　つるか
しのふ
一山縣八郎左衛門内　ちとせ　市川　小川
一泉屋庄左衛門内　みふね　万州　のあき
やしま
一太郎右衛門後家内　せきの　やまと　よしの
いくよ　はやま　川瀬　つるか
きんさ　かしの　みかわ　ふしの
やよい　せき州
一四郎左衛門後家内　勝山　花かつら　みのり
とのも　わかな　とさ　かつらき
わか忩　たミや　長しま　小藤
一たけ内　左川　よした　ときハ
かしの　初瀬　一学

一森長右衛門内　はなかき　いほり
一江村七兵衛内（女不持）
一服部彌左衛門内　まんこ　小太夫　きんこ
いつも　名月　小さくら　しのぶ
長山
一服部傳十郎内　市川　瀬川　長嶋
金作　葉山
一福村次右衛門　かしはき　金川　いくよ
花山　伏見　さこく　今川
しのふ　高はし　左京　ふしの
せんよ　妻川
一福村《はとや》次兵衛内　●藤川　花かき　のあき
●長門　一学　つるか　いよ
くるま　小むらさき　たんこ　よつの
一森太右衛門内　しら藤　きゝやう　花かつら
さまの介　よつの　●しら菊　やまと
さもん　●かつの　長橋　たまの

●うめ川	山　城	やしを	
一《引田ヤ》田中太郎兵衛内	金大夫	たかせ	小太夫
ゆくの	みをの	和　国	小さつま
玉　川	はつね	小ふし	よつま
うたか	小さらし	あさの	玉かつら
のかせ	妻　川	小源太	さこく
一善介後家内	玉之亟	初之亟	さかわ
しら玉	しら藤	はつせ	いつも
染　川	きんさく	つねよ	正之介
きんこ	八はし		
一勘兵衛後家内	よし川	ふしの	市　川
万　代			
一いぬ内	沢之亟	わか山	さころも
たさく	あさか	さの	ミつの
さつき			
一《岩田屋》九郎右衛門後家内	いつも	よしの	さまの介
左源太	雲　井	長　山	さつき

てんさ
一江村小左衛門内
ふし河
とさ
一伊《こぶ》藤庄兵衛内
●やしを
むゑもん
万作
いせき
まんしう
はつせ
一小《たわらや》嶋九左衛門内
●めい月
最中
●む《引田ヤ》めかへ
一枚《いせや》村太郎右衛門内
まかき

めいさん
うき舟
小むらさき
かせん
●小大夫
石州
せんしう
まんこ
蔵之介
とさ
たつた
●く《新ヤ》もい
●万《新ヤ》大夫
万《新ヤ》代
うねめ
●しら川
妻之亟

藤さき
小河
小さつま
ていか
●さころも
ては
縫之介
小さつま
よしの
あつま
衣重
長州
市山
よしの
●八はし

さんこ
かつま
玉河
金大夫
やまと
左源太
つしま
小源太
尾上
和《新ヤ》国
いよ
うき舟
●ては
●長山

●夜　妻　　●花かつら　　みな川　　もしほ
かつ山　　しけや　　小さくら　　●金かへ
一中村甚九郎内　　きゝやう　　ゆきの　　●小源太
うき舟　　様之介　　小さらし　　勝　の
左きやう　　ときは　　小源太
一小買《ぶんごや》長右衛門内　　●せき州　　●みふね　　●うき雲
●花さき　　はつね　　あきの　　みかわ
妻之亟　　和　國　　逢　坂　　小さつま
しつゑ　　金　作　　まんさく
一奥田庄兵衛内　　まさの

寄合町惣竈数合五十九竈家持四十竈
丸山町惣合四十四竈家持三十六竈

次に、元禄十五年（一七〇二）二月に板行された八文字屋本『けいせい色三味線』にみえる遊女名は次の通りである（図14）。

長崎丸山女郎の名よせ

▲丸山町新屋内

一大夫　沢むら　　一大夫　せきふね　　一大夫　見さほ

▲同町小柳内　　一大夫　うきはし

一大夫　村はし　　一大夫　ながの　　一大夫　長しま

▲同町たハらや内

一大夫　木ゞ野　　一大夫　きりなミ　　一大夫　ゆつはし

一大夫　いおり　　一天神　あふさか　　一天神　かおり

▲同町さど屋内

一大夫　とやま　　一大夫　おかさき　　一大夫　金山

一大夫　あふ山　　一大夫　せき山　　此二人　夏情のまれ

▲同町あぶらや内

一大夫　山しろ　　一大夫　きよ川　　一大夫　逢山

一天神　さこん　　一天神　阿川　　一天神　きぬがへ

▲同町添嶋屋内　　一大夫　梅むら

一大夫　くれない　　一大夫　しうざん　　一大夫　村竹

▲寄合町伊勢屋内

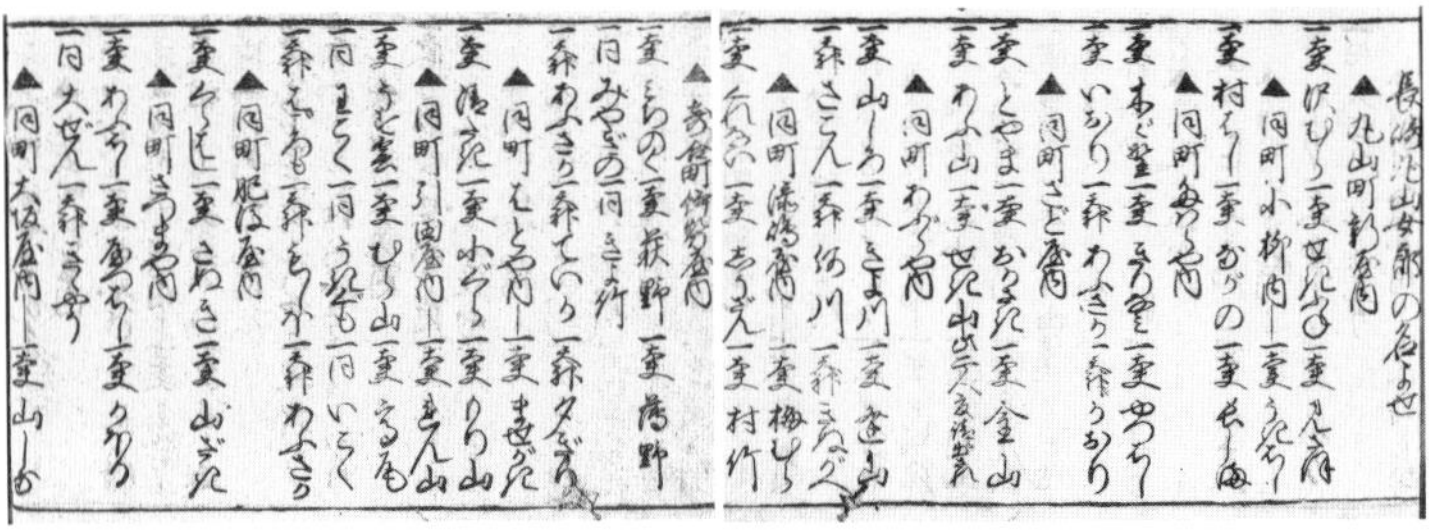

一大夫　ミちのく　一大夫　萩　野　一大夫　薄　野
一同　みやぎの　一同　きよ竹
一天神　あふさか　一天神　ていか　一天神　夕ぎり
▲同町はとや内　一大夫　ませがき
一大夫　清たき　一大夫　小ぐら　一大夫　もり山
▲同町引田屋内　一大夫　れん山
一大夫　うす雲　一大夫　むら山　一大夫　髙　尾
一同　王こく　一同　うきぐも　一同　いこく
一天神　はごろも　一天神　もしほ　一天神　あふさか
▲同町肥後屋内
一大夫　くらはし　一大夫　さぬき　一大夫　山ざき
▲同町さつまや内
一大夫　あふほし　一大夫　屋つはし　一大夫　かほる
一同　大ぜん　一天神　きゝやう
▲同町大坂屋内　一大夫　山しな
一大夫　しやうざん　一大夫　ちやうざん　一大夫　あふせき
▲同町ぶんごや内　一大夫　りやうざん

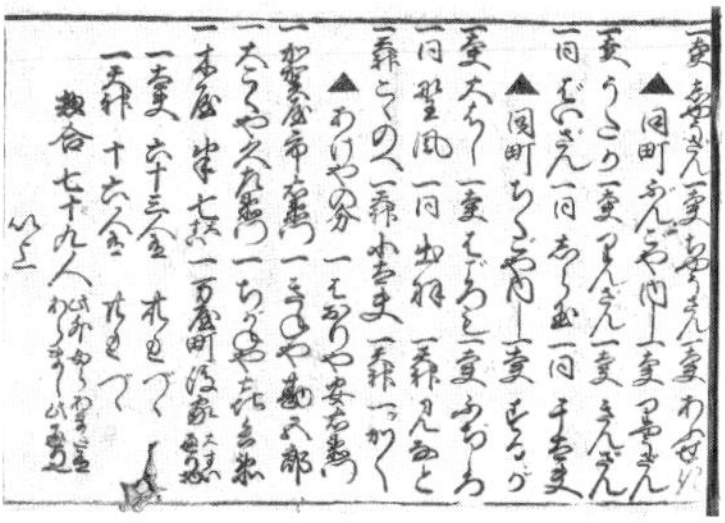

図14　「長崎丸山女郎の名よせ」と「寄合町女郎の名よせ」（『けいせい色三味線』所収）（国立国会図書館蔵）

一大夫　うたか　　一大夫　りんざん　　一大夫　きんざん
一　同　ばいざん　一　同　しら玉　　一　同　千太夫
▲同町ちくごや内
一太夫　大はし　　一太夫　はごろも　　一太夫　ふぢしろ
一　同　野　風　　一　同　出　羽　　一天神　見なと
一天神　こゝのへ　一天神　小太夫　　一天神　一ッかく
▲あげやの分　　一はおりや　安右衛門
一加賀屋　市右衛門　一きねや　勘五郎
一大こくや　久左衛門　一ちがねや　㐂兵衛
一木　屋　半七大すい　一万　屋　後家大すい通り物
一大夫　六十三人有　卅辺づゝ
一天神　十六人有　廾辺づゝ
惣合七十九人　此外女らあまた有　あらまし此通り也
以　上

名前と容顔が一致しているわけではないが、荒木君瞻描くところの「長崎芸妓図」の艶姿（図15）、山口重春描く、桜花の下に立つ遊女と

図 16　山口重春「遊女」（『江戸時代図誌』25、筑摩書房）

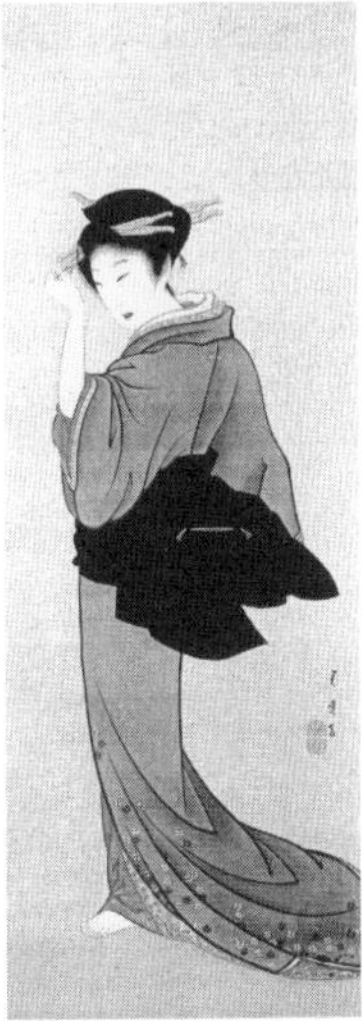

図 15　荒木君瞻「長崎芸妓図」（『江戸時代図誌』25、筑摩書房）

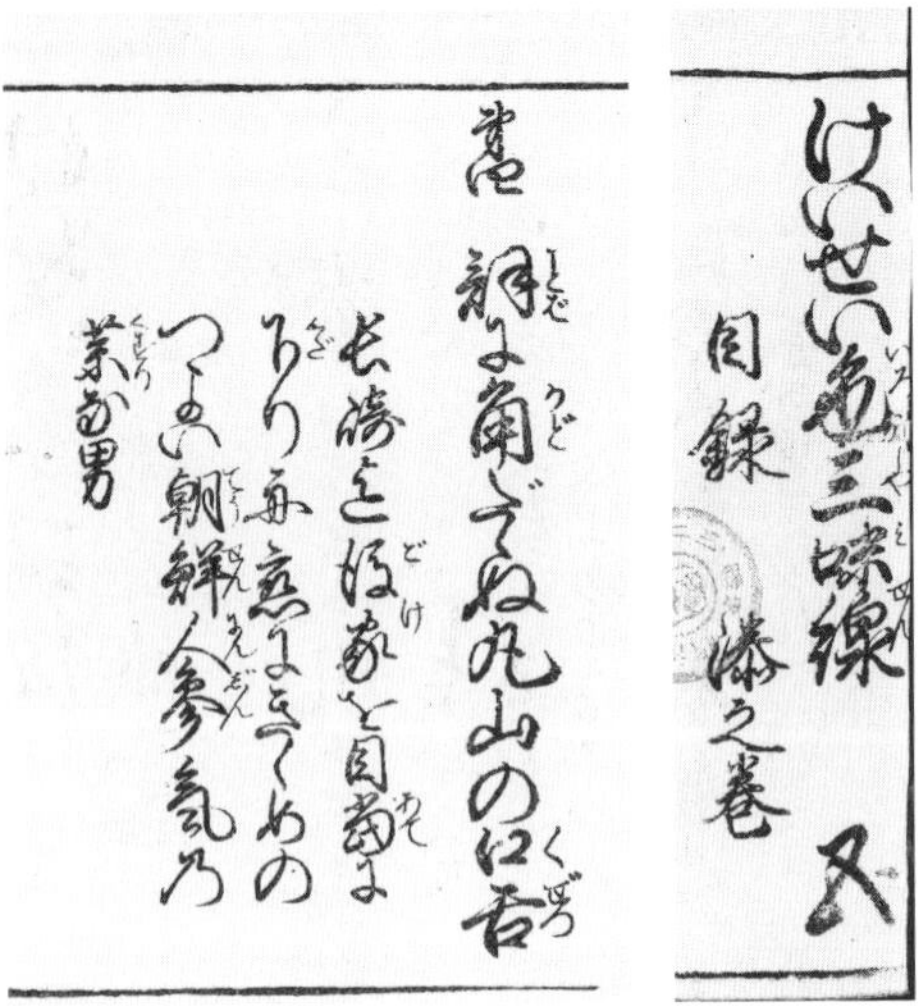

図 17 『けいせい色三味線』漆之巻冒頭及び第四部分（国立国会図書館蔵）

図18　「のりあい舟ハ諸国の噂箱」（『けいせい色三味線』所収）（国立国会図書館蔵）

禿の衣装（図16）は豪華なものである。きりっと結い上げた髪に差している笄も立派な鼈甲製で、いかにも値が張っていそうである。

『けいせい色三味線』（図17）は「詞《ことば》に角《かど》だたぬ丸山の口舌」として「長崎迄、後家を目当に下《くだ》り舟、恋にきゝめの、つよい朝鮮人参、気の薬《くすり》な男」と書き添えている。その「のりあい舟《ぶね》ハ諸国の噂《うわさ》箱」（図18）と乗合い舟の図を見せている。その乗合い舟では、「一はいまいれ」「忝じけない」と、すでに酒を一杯傾けて、噂話の花を咲かせている。

丸山に着いて、登楼した際の部屋の様子も見せている（図19）。遊女が酒を注ぐやら、三味線を弾くやら。太鼓持ちに「一つまいれ」と余興をさせようとしているのであろ

図19　「丸山登楼」（『けいせい色三味線』所収）（国立国会図書館蔵）

うか。遊客は左手で枕に頬杖ついて、右手は大夫の肩にかけ、「見ごと〳〵」と誉めそやしている。

楼内の部屋で展開された遊びの様子がリアルに描かれている。

六　丸山の料理
――器も料理も国際色――

前記『江戸時代図誌』には、遊里ではシッポク料理が用意されていた、として『新撰会席しっぽく趣向帳』（図21）を引いて、「卓袱器物乃図《しっぽくどうぐ》」などを紹介している。

卓上には、コップ、ディカンターなどがみえている。オランダ船が脇荷物として、盛んに持ち渡っていた品々、遊女へのプレゼントにも用いられていた品々である。

卓袱とは、その料理は、会食の仕方はどのようなものであったか。

本来は、長崎の町々に散宿していた唐商人の食生活を真似て出来上がったものらしい。

卓袱は、円テーブルと、そのテーブルの周囲に垂れる布の意といわれる。

一客につき、皿二枚、箸、トンスイ（陶器のサジ）が配られている。中央に大皿や大鉢に盛られた料理を、各自が直箸《じかばし》で取り分けて、食べるためである。

最初に、「御鰭《おひれ》をどうぞ」と吸い物が出され、会食がはじまる。客一人に対し鯛一匹を使用してもてなしていますという意を示す「御鰭」で、「御椀」のふちからピンとした尾が見えている。精一杯のごちそう、というわけである。この後、酒と料理に入る。

図 20 「丸山の茶屋、たばこ屋だん六での酒宴」（『金の草鞋』所収）（国立国会図書館蔵）

吸い物、刺身、口取りといった組み合わせなどは会席料理を基礎としているようだ。東坡肉《トンポーロウ》は豚の角煮で、唐料理の気がする。ヒカドは細の目切り野菜の南蛮煮、ヒリョウズなどの南蛮漬、山海の珍味が美しく卓を彩る。

和風、唐風に南蛮風まで加わっている。五、七、九人というように、奇数で卓を囲む卓袱というが、人数はあまりこだわらない。長崎で「ターフル料理」という名も耳にする。南蛮風を色濃く伝える卓袱料理のようだ。

オランダにはインドネシア料理店が多くみられる。「ターフル料理」といって、小型の器にいろとりどりの料理がならべられて会食する。「ターフル」はオランダ語で「食卓」の意である。筆者も一ヵ年滞在中

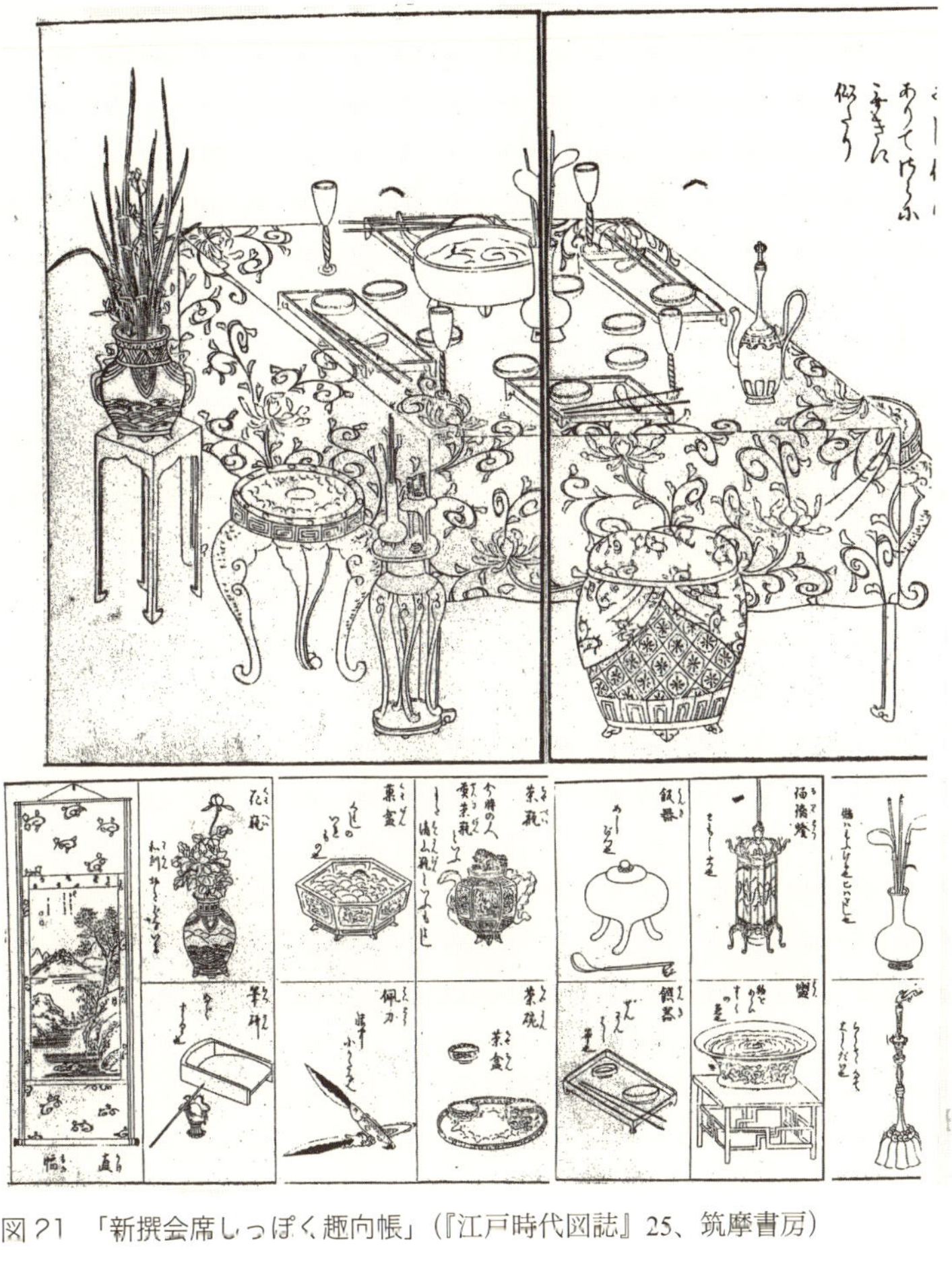

図 21　「新撰会席しっぽく趣向帳」（『江戸時代図誌』25、筑摩書房）

にライデン大学の先生たち、学生たちと、幾度も楽しんだ思い出がある。

思うに、南蛮貿易の時代からオランダ貿易の時代を経験し、オランダ商館を置いた出島、唐商人を置いた唐人街を持つ長崎は鎖国時代唯一の定期貿易国際都市であった。国際貿易都市長崎に集積された唐料理、南蛮料理が、和風料理に影響、混合して、オランダ東インド会社が総督を置くバタビアを経由して、はるばるオランダの地に影響したのがターフル料理(卓袱)であった、ということになる。オランダ、ライデン市のインドネシア料理店で「ターフル料理」を楽しみ、長崎の地で「卓袱料理」を楽しむたびに、筆者が感得する国際交流具現の一つである。

いまも長崎でしばしば饗応に用いられる「卓袱《シッポク》」は、藩政時代には遠く関西や関東にも伝えられていたという。筆者の知っている実例を一つ紹介しておこう。出島のオランダカピタンが貿易業務を終えた閑期に江戸へ出府して将軍と世子に拝礼のうえ珍奇な献上物を呈上し、幕閣諸侯にも進物を呈した「江戸参府」旅行のことはよく知られている。江戸の定宿は日本橋の長崎屋。長崎から警固してきた検使の役人、江戸城で働く長崎掛の坊主川島円節、阿蘭陀通詞たちが長崎屋の座敷で慰労の会食をしたのが仕来りであった。その際の会食料理が「シッポコ」であったと記録されている。「シッポコ」は「卓袱」のことである。長崎の「卓袱」が関東にまでしっかり伝わっていたことが納得できる。ということは、長崎屋で百何十回も「卓袱」料理の会が催されていたことになる。古河藩の江戸詰蘭学家老鷹見十郎左衛門・泉名も出席して楽しんでいたのである。江戸の蘭癖菓子商伊勢屋七左衛門兵助ギュルペンGulpenが行かなかったはずはあるまい。

他に紹介されたこともないので、一言、披露に及んだ次第である。

　ところで、関東や関西にまで伝えられた「卓袱」。藩政時代、各地にはほとんど根付いてはいなかった、といわれる。それはどうしてか。それは、長崎の地ならではの豊かな海の幸をふんだんに使用、他の土地では入手が困難であった「輸入砂糖」が用いられて甘く味付けされた特色をもつものであったから、とも考えられる。唯一の国際貿易都市に見られた身分制度そのものがその発展、普及を拒んだものかもしれない。結局、国際都市としてののびやかな性格が「卓袱」を育てた、ということになろうか。

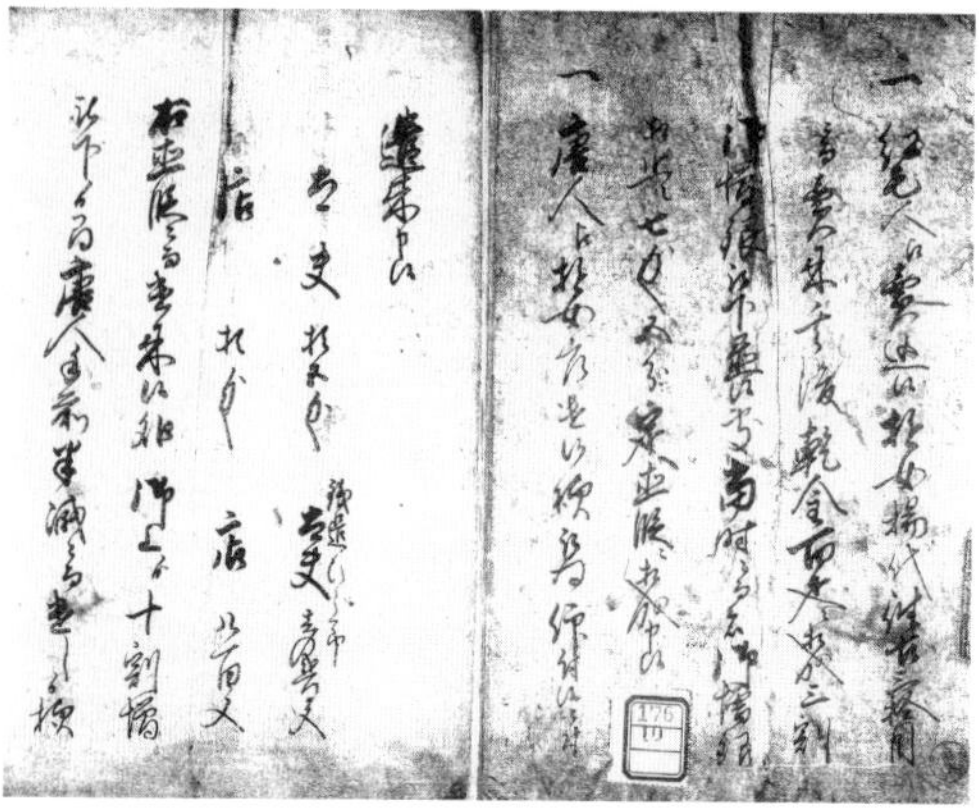

図22　『紅毛人江売込候遊女揚代金』冒頭部分（九州大学、九州文化史研究所　元山文庫蔵）

七　紅毛人江売込候遊女揚代金

――粋《いき》なはからい、奉行か、幕府か――

九州大学九州文化史研究所の元山文庫に「紅毛人江売込候遊女揚代金」と仮題の付いた写本がある（図22）。

表題の一文のほかに、次の二文が付いている。

文政十亥年御手頭写
天保十三寅五月

本書にとっては、いずれも参考となる資料である。全文の初紹介である。

一紅毛人江売込候遊女揚代金

一紅毛人江売込候遊女揚代、往古三拾目ニ而売来、其後乾金百疋ニ相成、三割御増銀被下置候處、当時ニ而者御増銀相止ミ七匁五分定直段ニ相成申候

一唐人江遊女差遣候様被為　仰付候ニ付、遣来申候

太　夫　拾五匁　銭遣ひ之節太夫　壱〆弐百文

店　　拾　匁　店　　八百文

右直段ニ而遣来候処、御上ゟ十割増被下候間、唐人手前半減ニ而遣し候様被仰付候故、唐人手前日本人より格別下直ニ仕遣申候処、割増之儀御止被遊候段被仰付、太夫七匁五分、店五匁ニ十割増被仰付、其後十割増御止被遊候ニ付而者、遊女屋共家業相立不申候ニ付、前ミ直段之儀申上、願書差上候処、太夫六匁、店三匁八分ニ御極被遊、十割増被仰付候ニ付、御願申上候処、五割増被仰付候処、五割増御止被遊候、以来太夫六匁店三匁八分ニ相成申候

右之通追年御増銀相止、三匁八分定直段ニ相成、銀札ニ而請取来申候、其末銭払ニ相成、多分相滞、出帆仕、無據弃損致候、中ニは揚代払呉不申、適ミ旅客ゟ相招、家業之足りニ茂相成候遊女を見込、指而苦情申立相招候ニ付、私共相立候場無御座商売故、数多之遊女召抱置候而茂、或者病氣又は愛情無之者過半御座候、同逢客有之候遊女之代りニ為勤、今日を平均ニ引廻し渡世取付罷在候處、右地売ニ引立候遊女を撰ミ唐人共任好舘内江平日入付置候而者、外遊女共地売ニ相成兼、諸借財相嵩、難儀仕候ニ付、御願申上候、其後揚代、銭払ニ而差出候節は、凡四割位之目欠相立、難渋仕候間、猶又御願申上候儀御座候

文政十亥年御手頭写

近来丸山町寄合町遊女屋江何方之ものとも不知尋者有之杯与申罷越、座敷等江踏込狼藉ニおよひ、右騒之内ニは紛失物等有之由、或者道路ニおゐてハ遊女屋共、仗之ものと見請候得者、品々難渋申掛、及口論候後、酒代等貪取候族茂有之趣相聞、不届之至りニ候、以来右躰之もの有之ニおゐてハ、何方江茂届等ニおよはす、於其場搦取　御役所江可召出候、若右之通取計ひ候ハヽ、悪党より可請遺恨与心得違等閑ニ致置候段、於相聞譬へ後日ニ相知るといふとも、其咎のかるへからす候、万一悪党共遺恨ニ存し及狼藉ニ(候)儀等有之候ハヽ、是亦其場ニおゐて搦取、或者其巧ミ申合等致趣相聞ニおいてハ、其旨早速可申立候、尤盗賊方・旅人方・取締方掛り江茂右躰之儀及見聞候ハヽ、早速召捕候様急度申渡置候間、其旨可相心得候、且又遊女屋共儀茂安永五申年申渡置候通相心得、身躰疑敷ものハ勿論、名・住所相知候旅人、或者市中郷中之者たりといふとも、身分不相応に金銀遺捨、疑敷見請候ハ、早速可申出候、若亦身躰疑敷、如何ニ心得候而茂金銀多く遣ひ捨候ハヽ、遊女屋・揚屋之ためにも相成事故、自分利欲ニ迷ひ疑敷者をも見遁し候様成儀於有之ハ、是又急度咎可申付候

右之通文化十三子年相触置候処、又ゝ近来相馳(弛)ゝ猥ニ尋ものと号し理不尽に遊女屋ニ踏込、又は事頭(マヽ)与唱、遊女買揚茂いたさす多人数罷越、無謂及狂乱、相咎候得ハ口論申掛、右騒之紛盗物等致候者も有之由相聞、重ゝ不埒之事ニ候、依之猶又厳敷申渡候間、以来無拠儀ニ而親類又は身寄之者は相尋候儀茂有之候ハヽ、両町役場江懸合、尋呉候様相頼可申候、向後尋

者与号し、理不尽ニ踏込もの有之候ハヽ、無用捨搦取、若亦遺恨を以徒党のものも有之は、早速最寄之役場江召捕之儀申出候様可致候

右之通市中郷中不洩様可相触候、尤盗賊方・旅人方・市中取締方掛りニ茂可申渡候

　　亥閏六月

　天保十三寅五月

当地之儀者、近年、町ミ料理茶屋躰之渡世又者芸子抔与名目之者数多有之、中ニは枕宿と唱へ芸子共女子等呼寄、酒之相手ニ差出し、相対ニ而隠売女ニ紛敷渡世致候族茂有之哉ニ相聞、不届之至ニ候、全く料理仕出し計ニ而、人ミ之用弁致候儀者格別、客を迎ひ酒宴を催し、芸子共又は女子等呼寄、酒之相手に差出し、揚屋同様之儀者堅く差止メ可申候、都而右様之渡世柄は奢移之基にて、若キもの抔遊興□（惰カ）弱ニ導、自然与家業にも怠り候様成行、如何之事ニ付、追ミニは外渡世を相営可申候、且町芸子之儀者、丸山町寄合町之外は一切差留候間、心得違無之様可致候

両町遊女家業之事ハ、往古ゟ異国通商之土地故、和漢入湊之商客在留鬱散之ため、めし被置候場所之処、追々其本趣を失ひ候ハ、土地繁栄之化ニ乗し、富有之もの是を翫弄いたす事盛に成行、終ニは其産業を失ふに至る者多く歎ケ敷事ニ候、且当地之遊女他国と違ひ、多分ハ

土地幷ニ近郷之産ニ而、素性互ニ知り合、只貧福之差別ニ而、一身売買に落入候と而已心得、自分深く癡情を結ふに至る、夫而已ならす、深く遊興に耽る時は、聊外見を厭ふ事なく、両町門外江稀ニは相誘引候哉ニ相聞、以之外之事ニ候、如何ニ娼家渡世之為に候とも、人之産を破、家を滅し候を、己か利益之為に看ミ快と致候儀は有之間敷候、能ミ其主人より遊女共江申諭し、来客之様子等茂心附、耽溺破産に落し入さる様可致候、右ニ付、以来遊女共為致門外候儀者両舘ニ限り可申、其外は両町を離れ、市中誹詗（徘徊）不可為致、譬ひ遊女之両親病気又は仏事等無攄筋有之、門外江差出し候共、前文之趣意相弁、主人方ゟ附添之もの相附出入為致、勿論遊女壱人ニ而門外為致間敷候、若本文之趣於不相用は、見当次第無用捨相糺、急度可申付候間、可得其意候、

卯八月

右之通、両町遊女屋家業之者共、其外右家業に携候もの迄不洩様可申渡候

「紅毛人江売込候遊女揚代金」は、次の三部から成っている。

・紅毛人江売込候遊女揚代金
・文政十亥年御手頭写
・天保十三寅五月

右の「紅毛人江売込候遊女揚代金」に見える要点は次の通りである。

・役所（＝長崎奉行所）が遊女の揚代金を決定している。
・往古は三拾目。
・その後　乾金百疋になり、三割御増金
・当時（亥閏六月＝嘉永四辛亥年、一八五一年）
七匁五分に定め直しになり、御増銀は止む。
・太夫　十五匁　銭遣いでは　壱〆二百文
・店　十匁　〃　八百文
・十割増のこと。

「文政十亥年御手頭写」に見える要点は次の通りである。

・遊女屋へ入り込む狼藉者に対する取り締まり
・それを見遁した楼主に対する取り締まり
・文化十三年の触（口論、紛敷盗物等に対する取り締まり）が弛んでいるので再度の取り締まり

「天保十三寅五月」に見える要点は次の通りである。

・近年、料理茶屋渡世が増加しているが、枕宿、揚屋同様のことを禁ずる。
・丸山町・寄合町以外の町に芸子を置くことを禁ずる。

丸山と寄合の両町が、

往古より異国通商の土地故、和漢入湊の商客が在留鬱散のため、（遊女が）召し置かれている場所

である、といっているところは両町の本質を伝えていて重要である。

当地の遊女の多くが、土地ならびに近郷の出身である。

遊客の様子をみて、沈溺破産に落とし入れることのないようにしなければならない。

両親の病気や仏事で外出するときには、主人方から附添を付けるように、遊女一人を外出させないように、といっている。

阿蘭陀行きの遊女が日蘭貿易の継続を、陰で有力に支えていたことを読み取ることができる。その間における阿蘭陀通詞の活躍振りも察せられる。すでに縷説した通りである。

附録

一　北の大地の遊女と遊女街

（一）箱館の遊女と遊女街

1　茶屋から郭へ

箱館では、寛政の頃（一七八九―一八〇〇）から山之上町あたりに茶屋が集まり、裏では遊女的営業を行なっていたという（図1）。

近くには、実行寺、称名寺、髙龍寺、天神社、神明宮などが隣接している。参詣客が精進落しとして利用したのである。このような条件下の茶屋が郭《くるわ》を形成していくことは近世都市形成過程でよくみられる特徴である。

享和三年（一八〇三）、茶屋営業が公認された。すると、遊女屋家業も暗黙の了解が

図1　奥州箱館之図（市立函館博物館蔵）

得られたことになったようだ。

遊女を隔離する郭の形成は、近世都市が、治安の維持と風俗の矯正を期待してとった都市計画のひとつであったとみることもできる。

2　貿易事務官ライスの来日

嘉永六年（一八五三）六月、アメリカ使節が浦賀に来航。翌安政元年、神奈川で日米和親条約が調印され、一年後の三月に箱館が開港されることに決定をみた。

安政五年（一八五八）六月、日米修好通商条約・貿易章程が調印され、次いでオランダ、ロシア、イギリス、フランスとも調印され、五ヵ国条約としてよく知られている。

予定された開港地箱館の視察をペリーは申し出て許可を得た。アメリカ人を迎える

図２　ライス肖像　「安政五年写亜美利加来使ライス箱館応接録」（函館中央図書館蔵）より

警戒の「触書《ふれがき》」は十八項目にも及んでいる。

アメリカ人は多淫・多欲・短気だから、婦女子をはじめ牛・酒・呉服・小間物などみな隠し、船の出入り、馬の往来も止め、海岸に面する戸・障子には目張《めばり》をし、葬式は夜間男子だけでせよといった徹底した警戒振りであった。

アメリカの貿易事務官ライス（図２）が箱館に上陸し、在留の許可を求めたのが安政四年（一八五六）四月五日のことであった。ライスは庶民的で威張るところなく、無邪気な振る舞い振りであったので、市民からも親しまれたという。ロシア人ゴシケヴィッチの純外交官振りとは対照的であったようだ。

そんなライスが日本婦人の雇い入れを

要請し、強引な交渉を行ったらしく、翌五年の一月「たま」二十一歳の女性の雇用が認められた。候補女性四人のうちで、容貌もよく、家族七人の日雇渡世人の娘で、親を養うためならばという孝行者で、決定に至った由である。給料一ヵ年百三十両、支度金六両という高額振りであったという。一両が約七万円くらいとした場合、百三十六両でほぼ一千万円にちかい高額となる。

ライスの日本婦人雇用が認められたことは重大な意味をもった。他の外国人から日本婦人の雇い入れを要請された場合、箱館奉行が断われなくなったからである。

3　赤い三層の異人揚屋

ライスやアメリカ総領事ハリスは、港街《みなとまち》にいる売女の水夫への提供は利益が大であるだけでなく、治安の維持にも効果的であると訴えた。

そこで、箱館奉行の竹内下野守と堀織部正が安政四年十二月に遊廓の設置を幕府に願い出たところ、翌五年一月二十三日付で公許となった。

これによって、既存の茶屋町の改造がすすめられ、出来上ったのが「箱館廓の図」（図3）にみられるような遊廓であった。大門に隣接して三層の赤い壁をもつ日本初の異人揚屋が見て取れる。地図の位置としては必ずしも正確ではないが、海上からも三層の赤い壁をもつ異人揚屋は目立って見えたわけである。

図に書き込まれている説明文を読み取っておこう。

箱館廓の図
揚屋拾八軒、切店弐軒、都合弐拾軒と云

とあるから、合計二十軒が屏で囲まれた廓街を形成していたことが見て取れる。その二十軒が大門より入った路を挟んで、両側に、

大門より裏門迄、段々上りなり

と説明されている。今も昔も変りない坂の町箱館の箱館廓の佇まいがよくわかる。異人揚屋については、

異国人遊女呼候茶屋なり、上中下階あり、上之客ハ金七両、中之客ハ三両弐分、下之客弐両、皆朱の格子造にして図の通り、入口〳〵に無用之者不可入之表札あり

と説明が付いている。「朱の格子造」で入口には「無用之者、不可入」の表札が掲げてあったことがわかる。登楼した異国人のうち、上の客は揚げ代が「七両」、中の客は「三両弐分」、下の客は「弐両」であったことも判明する。なかなか高額である。長崎の丸山の遊女で、太夫の揚げ代

図３　箱館廓の図「松本吉兵衛紀行絵巻」（北海道立総合博物館蔵）

が一日拾五匁、店が七匁五分であった。

磯田道史氏が加賀藩の御算用をつとめた猪山家の文書を分析して、天保十四年（一八四三）時点で、銀一匁が現代感覚で四〇〇〇円くらいと換算されている（磯田道史『武士の家計簿』）。かりに、これを借用して試算してみると、長崎丸山の太夫の揚げ代が一日拾五匁で六万円となる。店は三万円ということになる。箱館の異人揚屋の場合、前記一両約七万円で試算してみると、上の客七両は四十九万円となり、中の客三両弐分が二十四万五〇〇〇円などになり、下の客二両が十四万円となる。

長崎丸山の太夫の揚げ代と箱館異人揚屋の上の客の揚げ代とを、仮に比較してみると、揚げ代がおよそ八倍強ということになる。

異国人客はとても高額で、ライスやハリスが「利益が大」であると力説していた通りであることがわかる。楼主にとって、抱えている遊女を異人揚屋に送り込むことは、とても「おいしい」商売であったのである。

なおかつ、箱館の異人揚屋にはライスの関与が絶大であったらしい。外国人がこの異人揚屋に行く場合、次のような手続きで登楼していたという。

・まず、外国人は揚代に相当する切手をライスから購入しなければならない。
・揚屋は翌日その切手をライスへ渡し金銭を受け取る。

すなわち、外国人の揚屋への登楼はライスによって管理されていたということである。これはまた箱館住民の外国人との接触を抑えてトラブルを回避することにもなったのである。なお、一八六三年頃から大町居留地にロシア人が経営するホテルができると、ロシア人はロシアホテルに遊女を呼び入れたらしい。したがって、ライスの取りしきった異人揚屋の利用外国人とロシアホテル利用の外国人利用者の間で棲み分けが行われていったという現象もみられたらしい。

箱館が長崎・神奈川とともに通商開港されたのが安政六年（一八五九）六月であったから、右の「箱館廓」はすでに前年に公許を得て立派に出来上っていたわけである。開港場に、いかに遊女街が必要なものであったかがわかる。

4　「有無両縁塔」と「高清水近太夫墓」

山ノ上町は現在船見町と呼ばれている。姿見坂には遊女の姿がみえた名ごりをとどめているからなのであろうか。プロテスタント墓地とカトリック墓地の間に曹洞宗延命山地蔵寺がある。高龍寺持ちの地蔵堂にはじまると、伝えられ、古くから山背泊地蔵堂として親しまれてきた。箱館山を背に、船が東風を避けるのに適した停泊地であったからであろう。

この地蔵寺に、不遇の生涯を終えてなお、引き取り手のない遊女を供養するため、山ノ上遊廓の遊女屋二十五軒が合同で建てた「有無両縁塔」がある（図4）。常夜燈であった燈の表には「有無両縁塔」とあり、裏には「維時元治元甲子歳終夏六月　佛観喜日」とある。楼主たちの屋号と名は次の通りである。

曹洞宗延命山 地蔵寺

有無両縁塔 維時元治元甲子歳終夏六月

佛観喜日

施主人 廓内遊女屋

世話人 个 新屋 留吉

塩越屋富右衛門

上田屋 利助

岩橋屋 文五良

菊邑屋 安五良

落合屋 忠治良

施主人 住吉屋 政十良

小田屋 善治

廣田屋 丈吉

増屋 定吉

宮川屋 與吉

中里屋久一良

東屋 幸吉

金子屋東三良

田中屋六太良

小嶋屋榮三良

大垣屋藤兵衛

高田屋 たま

納屋孫右衛門

仲屋治右衛門

菱屋 たま

北越屋 さん

中嶋屋 ひさ

新屋 留吉

上田屋 まゑ

玉屋 和五良

佐藤屋 久兵衛

盛屋 武八

茂村屋 正兵衛

伊勢屋徳右衛門

甲屋 長六（定）

石工 長松

伊吹屋 五兵衛

図 4-3　「有無両縁塔」（金澤俊広氏撮影）

図 4-4　「有無両縁塔」（金澤俊広氏撮影）

図 4-5　「有無両縁塔」（金澤俊広氏撮影）

図4-1　「有無両縁塔」（金澤俊広氏撮影）

図4-2　「有無両縁塔」（金澤俊広氏撮影）

図 5-1　「高清水近太夫墓」（金澤俊広氏撮影）

図 5-2　「高清水近太夫墓」（金澤俊広氏撮影）

函館最西端の魚見坂の上に高龍寺がある。その上に、ロシア正教の墓地、中国華僑の墓地、プロテスタントの墓地の三つが外人墓地を形成している。

　中国華僑の墓地の煉瓦塀のそばに「高清水近太夫墓」と刻字された円頭形の墓碑がある（図5）。右に「仙台東山箴邊邑出性」、左に「萬延元庚申年五月十五日」と記されている。珍しく、立派な遊女の単独の墓である。遊女のなかでも太夫《たゆう》であったからであろう、碑の右側面にみえる「世話人　田中屋六太郎　山上町桶川伊三郎　勧進元上田屋利助」らの世話によって建てられたことがわかる。

　その昔、仙台を北上したところに高清水の宿場があって、浄土真宗本願寺派の高清水善光寺が付近の尊信を集めていた。

前記「有無両縁塔」が建てられる四年まえのことになるが、山上町の遊女街では名の通った「太夫」であった、と察せられる。

と同時に、このように、新開の地からの風評を聞きつけて、遠隔の地からも働きに来た女性のあったことが知られる。「有無両縁塔」に供養された遊女たち、「高清水近太夫」らは、おそらく、その氷山の一角であったにちがいなかろう。

図 5-3 「高清水近太夫墓」（金澤俊広氏撮影）

（二）札幌の遊女と遊女街

1　判官・島義勇の都市構想

蝦夷地と呼ばれていた北の大地が北海道と名をかえたのは明治二年（一八六九）のことである。明治新政府が北海道並びにその属島の行政・開拓をつかさどる官庁として、明治二年に創設されたのが開拓使である。その初代判官に任命され赴任したのが島義勇である。長官・次官に次いで決定権を持ち、実質的に現地で事業の指揮を執るのが判官であった。札幌の場合、ときの長官は佐賀藩主の鍋島直正であった。直正が最も信頼をおく家臣が義勇であったというわけである。吹雪をおして現地に着いた島義勇は、政府から授けられた開拓の三神をまつる地を確認するためにコタンベツの丘に登った。

三神とは、

・大国魂神《おおくにたまのかみ》（北海道、国土の神）
・大那牟遅神《おおなむちのかみ》（国土経営・開拓の神）
・少彦名神《すくなひこなのかみ》（国土経営・医療・酒造の神）

である。のちに明治天皇が加えられて、四柱《よはしら》の神が、祭神とされている。

義勇は三神をまつる神社予定地を確認したあと、札幌平野を見渡し、中心地とすべき位置を見定めた。コタンベツの丘というのは現在北海道神宮の在るところである。

島義勇が引いた札幌の基線を確認しておく必要がある。

・南北の基線を創成川とする。
・東西の基線を今の南一条通りとする。

と定めた。南北と東西の交点を基点としたのである。だから、現在、創成橋のほとりに記念石が設置されているのである。

南一条通りを境にして、北部には官邸や病院などの建物を建てる。南部を一般民家地と定めた。その間に、官庁街の建築物を火災から守るために幅一〇〇メートルの防火帯を設けることにした。現在の大通公園がそれである。

大胆な発想による突貫工事は、雪のなかですすめられた。そのため膨大な費用がかかった。義勇が札幌へ来て四ヵ月で予算は底をついてしまった。そこで追加経費の申請をしたが政府に追加予算はなく、結局、義勇は志半《こころざしなかば》ばにして札幌を去ることになってしまった。

2　実行は二代目開拓使判官岩村通俊

明治二年、開拓使新設にともない、二十九歳で土佐出身の岩村通俊が北海道開拓判官として箱館に赴任、明治四年に札幌入りをした。東京に妻子を残し、単身赴任で島義勇の大事業を引き継ぐことになったのである。

前任者の島義勇は予算の使いすぎで解任させられた。これを教訓に、しばらく様子見の岩村通俊であったが、やがて、札幌首都建設に着手したことであったから、その実行振りを確認しておく必要がある。

・大工棟梁に中川源左衛門

五稜郭建設を請け負った実績を新都市の建設にいかそうと考えた。源左衛門を通じて函館・東京などから千数百人の人を集めた。

・「御用火事」で街の大整理

草葺き屋根の街にとって、熊よりこわいものが火事であったと伝えられている。貸金で燃えない家を建てよ、と奨励しても住民はいっこう従わない。そこで明治五年、草小屋を取り除く、という「触《ふれ》」を出した。退官させられることを覚悟のうえで、通俊は強硬手段を行った。官庁にあった草小屋を模範的に焼き払った。次いで民家を焼き払い、街並みを整えたのである。札幌に消防隊が誕生したのもこれがきっかけであった。

・公認「薄野遊郭」の設置

寒村の札幌、ことに夜は寒かった。働きをもとめて集まってきた男の多い街、札幌。婦女暴行、人夫同士の暴力沙汰、札幌の治安は手のつけられない状態に落ち入った。逃亡に走る者が続出した。しかし、新都市の建設には、なんとしても人夫・職人の逃亡を喰い止めなければならない。さて、岩村通俊どうしたか。ここでも通俊は大胆な強硬手段に打って出た。国税を用いて誤楽の場を与え、逃亡を喰い止めようとしたのである。民間地のなかに二〇〇メートル四方の「遊郭」を作ったのである。開拓監事の薄井龍之に作らせたことにちなんで「薄野《すすきの》遊郭《ゆうかく》」と名づけられた。東京から芸者数十人が呼び寄せられたという。

労働者だけでなく、高級官僚も利用した。官官接待も頻繁となった。このようにして、殺風景だった札幌が一気に華やぎ、男たちに生活の潤いが生じ、治安も安定に向かっていったのである。現在も、毎夏に開催されている「すすきの祭り」の「花魁道中」は、最大のイベントとなっている。

札幌の大都市建設がようやく軌道に乗り始めた明治六年、岩村通俊は突然辞職させられ、東京へ帰された。開拓長官であった黒田清隆と、ことごとく意見が衝突したからである、と伝えられている。

しかし、明治十九年、北海道庁が設置されると、その北海道庁初代長官に就任したのが岩村通俊であった。赤レンガ庁舎を建設し、産業の育成、交通網の整備に手腕を発揮した。強引で大胆な岩村の行政が大都市札幌、いや北海道の礎《いしずえ》を築いたのである。現在も円山公園で彼の銅像が札幌の将来を凝視している。

3　すすきの祭りの花魁道中

開拓使判官・岩村通俊の発案と実行によって、公費を投じて作り出された二〇〇メートル四方の歓楽地「薄野遊郭《すすきのゆうかく》」。札幌の地で、毎夏、「すすきの祭り」の催しで伝わっている。二〇一六年の八月、四・五・六の三日間、札幌駅前通り、南四条から南七条にかけて第52回「すすきの祭り」が開催された（図6）。毎夏、筆者が避暑滞在する南一条西七丁目の中殿ホテルからは目と鼻の先。祭り最大のイベントは「花魁道中」と聞いて、執筆の手を休め、夕涼みを兼ねて、道中の見物に出かけた。夕涼みどころではない。その熱気に圧倒された。

主役の花魁は、例年、公募によって決められる由であるが、今夏は卒業間近かの大学生小川由貴さんが佳津乃太夫役を、同じく柴田楓佳さんが夢千代太夫役を、それぞれ優雅に熱演していた。

図 6-2 「すすきの夏祭り」（さっぽろ夏祭り実行委員会作成パンフレット）

図 6-1 「すすきの夏祭り」（さっぽろ夏祭り実行委員会作成パンフレット）

二　長崎丸山の遊女と遊女街

1　珍史料二種四枚

筆者が喜ぶだろうと、洋学史研究会で辱知の長崎在住松尾龍之介氏が珍しい史料を贈ってくださった。それは、

・丸山町寄合町貸座敷分布略図　一枚
・丸山東検番の引札　三枚

の二種四枚であった。まず、これを順次見てみよう。

「円山町寄合町貸座敷分布略図　明治末期」は、下に、「長崎丸山町、寄合町全遊廓細見図」とも記してあって、特に、「この図は、明治末期における唯一の地図である。」と説明が付けられている（図7）。古老たちが集まって相談しながらできあがったものの由である。

図の上部左に、「花月の庭園」と「梅園天満宮」がみえる。花月は江戸時代の図にみえる引田屋のことである。図では、庭園の右下部に「花月楼」がみえる。庭園の下に「丸山町通り」と、

その下に「片平町筋」、更にその下に「石灰町通り」が描かれている。庭園の右に「寄合町通り」が描かれている、という構図である。これらを順次見ていこう。

丸山町通りの右側には、

　永和楼　大藤屋　東検番　三波楼　重富芸者屋　鹿島屋　三輪芸者屋

左側には、

　煙草屋　杉本屋隠居所　料理屋　和田芸者屋　岡芸者屋　安田芸者屋　井上提灯屋　遊女屋坂井屋　後ち金波楼　太田タバコヤ　芸者屋　清風楼　今村芸者屋　玉島亭　大寿楼　丸山検番　後ち南検番

片平町筋の右側には、

　佐藤芸者屋　遊女屋さかい屋　岩永芸者屋　料理屋大黒亭　スキヤキ屋一二三亭　江口かめ芸者屋　愛八芸者屋　前田三味線屋　園吉さん　大隅芸者屋　篠崎芸者屋　鋤焼屋花岡亭

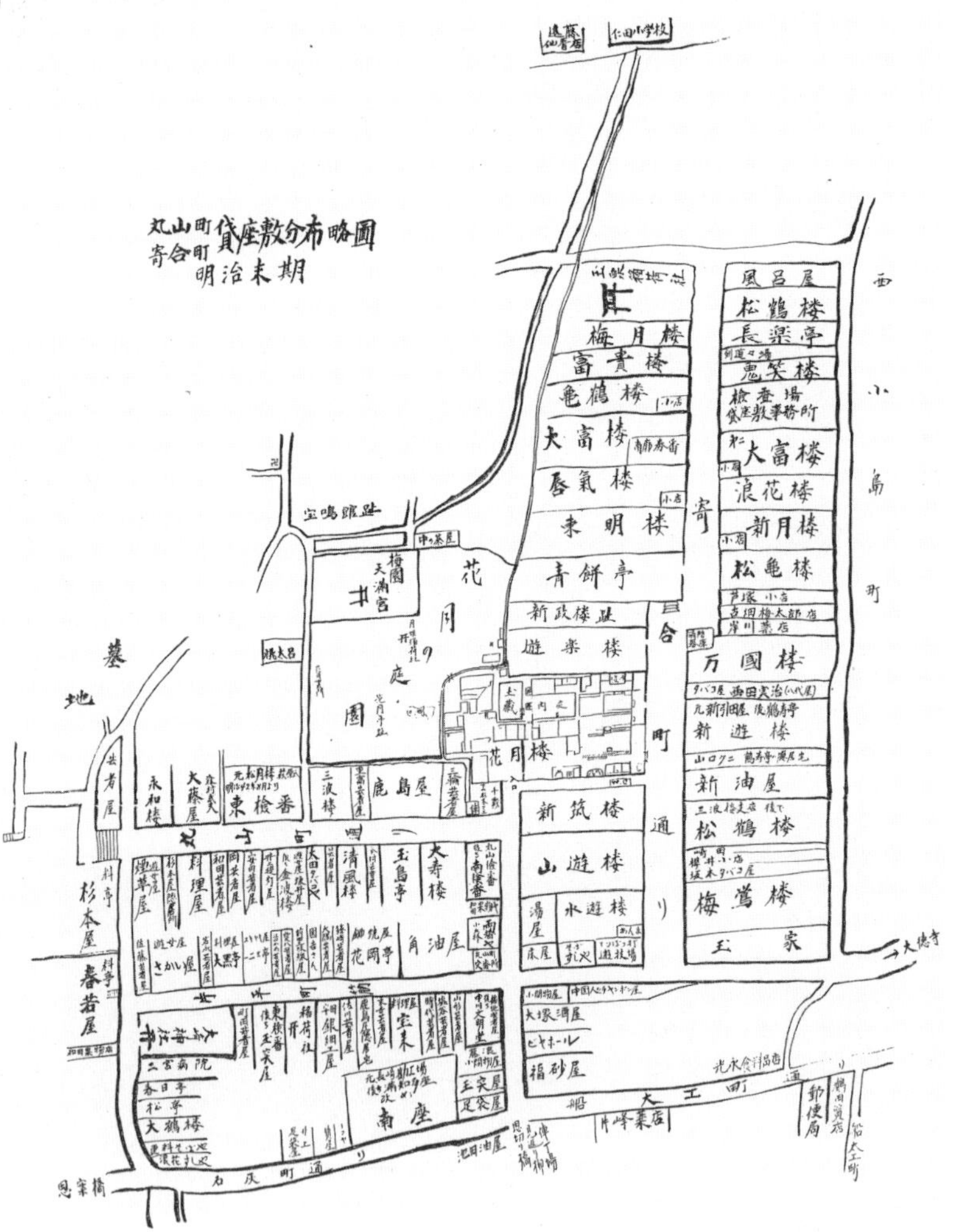

図７　長崎丸山町、寄合町全遊廓細見図（この図は、明治末期における唯一の地図である。）（松尾龍之介氏提供）

　角油屋　丸山町交番所　和田果物ヤ　両替ヤ小森

左側には、

　大崎神社　町田芸者屋　東検番後ち玉突屋　稲荷社　安田銀細工屋　佐川芸者屋　鹿島屋隠
　居宅　末吉芸者屋　料理屋宝来　時代芸者屋　塩谷芸者屋　山形芸者屋　福地芸者屋　後ち
　中川文明堂　藤浪小間物屋　玉突屋　足袋屋

大崎神社を曲って、

　二宮病院（楠本イネさんの医院）春日亭　松亭　大鶴楼　更科そばや　浪花すしや

石灰町通り右側には、

　井上足袋屋　質屋　トコヤ　元長崎勧工場後ち満知多座改め南座（今のリッチモンドホテル）

向い側に、

池田油屋

寄合町通り左側には、

玉泉稲荷社　梅月楼　富貴楼　亀鶴楼（小店）　大富楼　南廓券番　唇氣楼（小店）　東明楼
青餅亭　新政楼趾　遊楽楼　花月楼　新筑楼　山遊楼　水遊楼（湯屋、あんま、床屋、そばすしや、遊技場《てっぽう打》）

などがあり、右側には、

風呂屋　松鶴楼　長楽亭　剣道々場　鬼笑楼　検査場　貸座敷事務所　第二大富楼（小店）
浪花楼　新月楼（小店）　松亀楼　芦塚小店　吉田梅太郎店　岸川薬店　万國楼　タバコ屋西田実治（八代屋）　元新引田屋 後鶴寿亭 新遊楼　山口クニ鶴寿亭隠居宅　新油屋　三波楼支店 後で 松鶴楼
崎田 桜井小店　坂本タバコ屋　梅鶯楼　玉家

と見える。寄合町通りの下に描かれている船大工町通りには、

光永食料品店　福砂屋　ビヤホール　大塚酒店　小間物屋　中国人のチャンポン屋

が見え、向い側に、

片峰薬店　郵便局　鶴田質店

などがみえる。丸山町通りと片平町通りの左には、

料亭　杉本屋（現在の料亭青柳）　料亭春若屋

が店を構えている（この絵図の判読には土地勘のない筆者を松尾龍之介氏が助けて下さったことを多謝を込めて明記しておきたい）。なお、丸山町の大崎神社を曲った所の二宮病院が楠本イネさんの医院だったと教えて下さったのは陣野トミ子さんという老婦人からの由。石灰通り右側の南座が現在のリッチモンドホテルであり、料亭杉本屋が現在の青柳である由（いずれも松尾氏からの教示による）。

次に、引札三枚は、「東検番」と書いた「大正十三年十一月一日」の一枚A（図8－1、2）と、「昭和八年」の「三月十二日約束先早見兼用」と記された「長崎、町検番藝妓一覧表」B（図8－3）と、「丸山東検番」と明記した「昭和八年六月一日藝妓一覧表」C（図8－4）である。

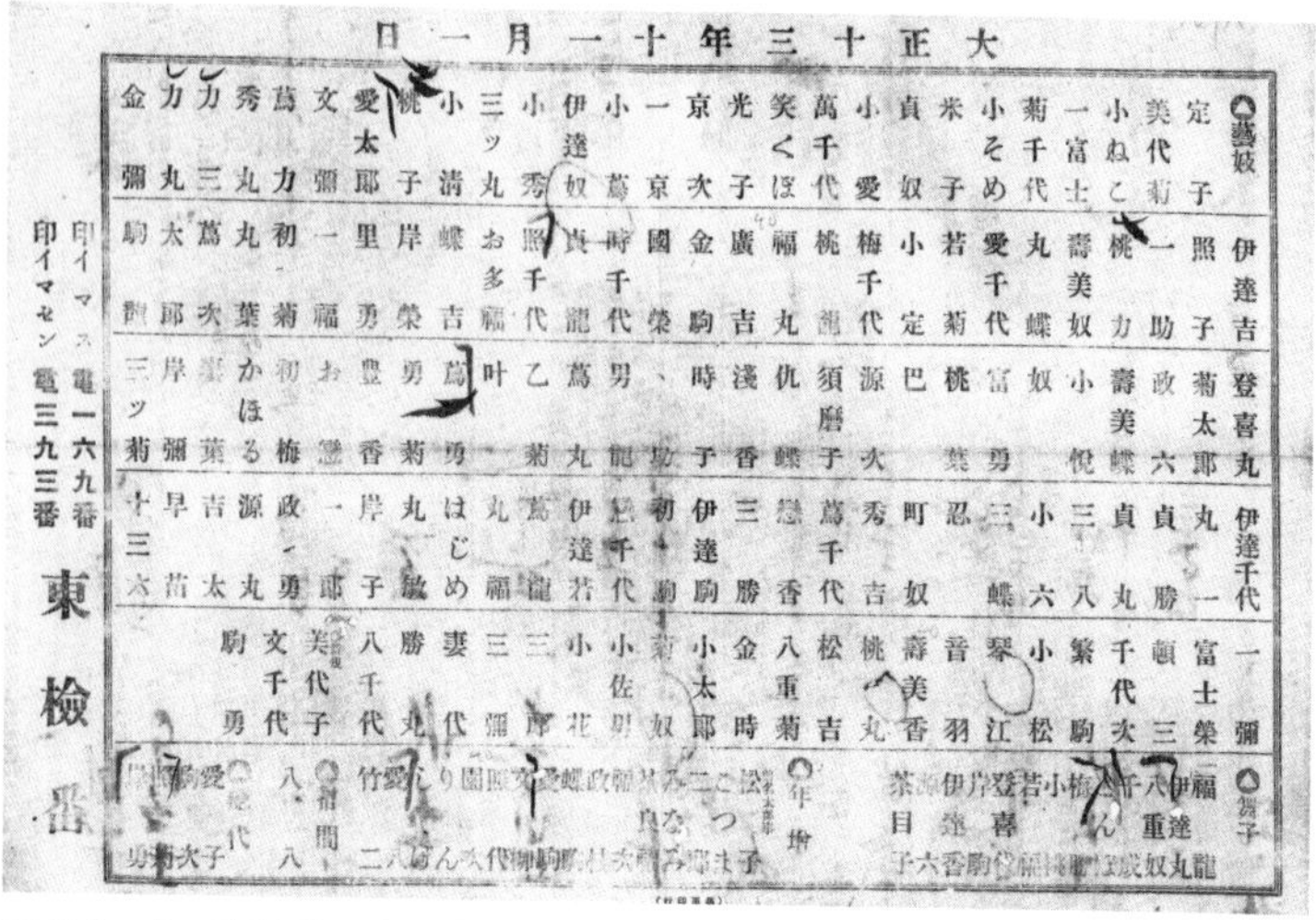
大正十三年十一月一日

◎藝妓
定子　美代菊　小ねこ　一富士　菊千代　小そめ　米子　貞奴　小愛　萬千代　笑くぼ　光子　京次　一京　小蔦　伊達奴　小秀　三ツ丸　小清　桃子　愛太郎　文彌　蔦力　秀丸　力三　力丸　金彌
伊達吉　照子　一助　桃力　壽美奴　丸蝶　愛千代　若菊　小定　梅千代　桃龍　福丸　廣吉　金駒　國榮　時千代　貞龍　照千代　お多福　蝶吉　岸榮　里勇　一福　初菊　丸葉　蔦次　太郎
登喜丸　菊太郎　政六　壽美蝶　小悦　奴　富勇　桃葉　巴　源次　須磨子　仇蝶　淺香　時子　蔦丸　乙菊　叶　勇菊　豊香　初梅　かほる　岸彌　三ツ菊
伊達千代　丸一　貞勝　貞丸　三八　小六　三蝶　忍　町奴　秀吉　萬千代　艶香　三勝　伊達駒　初駒　若千代　伊達若　蔦龍　丸福　はじめ　岸子　一郎　政勇　源丸　吉太　早苗　十三六
一彌　富士榮　顔三　千代次　繁駒　小松　琴江　音羽　壽美香　桃丸　松吉　八重菊　金時　小太郎　菊奴　小佐男　小花　三郎　三彌　妻代　勝丸　八千代　美代子　文千代　駒勇

印イマス電一六九番
印イマセン電三九三番
東検番

図 8-1　A　東検番　大正十三年十一月一日　表（越中哲也文庫蔵、松尾龍之介氏提供）

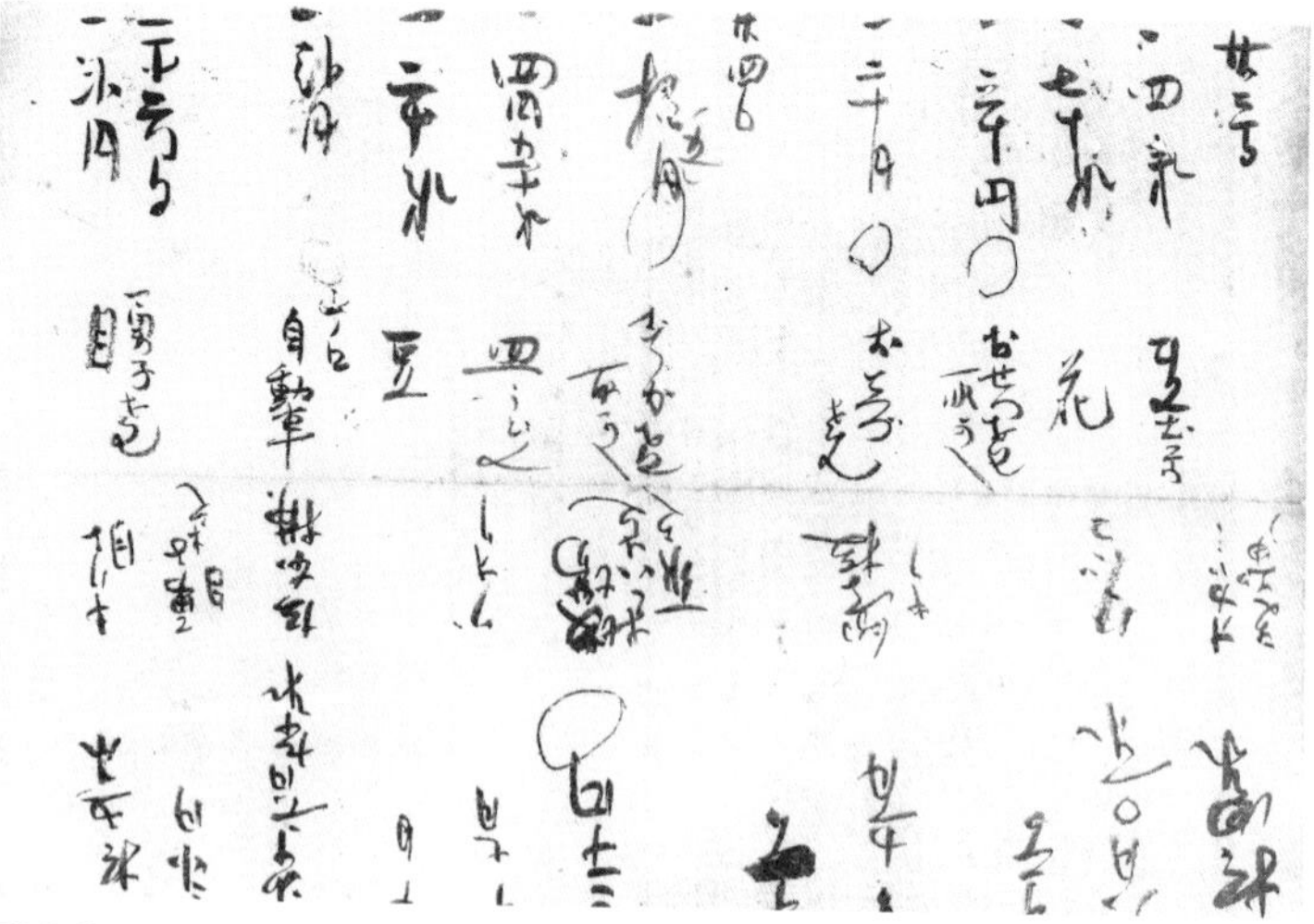
図 8-2　A　同　裏（越中哲也文庫蔵、松尾龍之介氏提供）

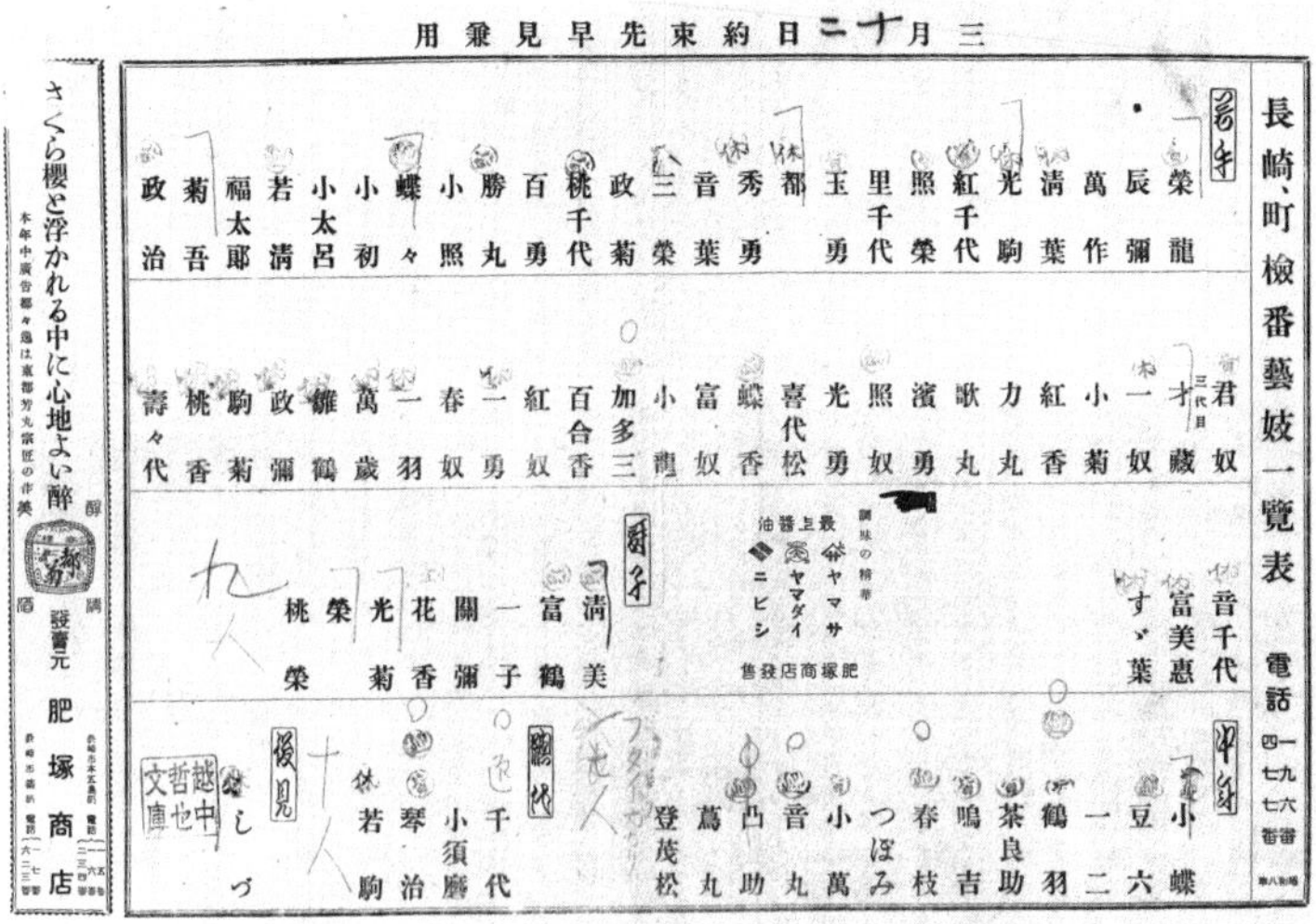
長崎、町検番藝妓一覧表　電話 四一九七六番

三月二十日約束先早見兼用

若手

榮龍　辰彌　萬作　清葉　光駒　紅千代　照榮　里千代　玉勇　都　秀勇　音葉　三榮　政菊　桃千代　百勇　勝丸　小照　蝶々　小初　小太呂　若清　福太郎　菊吾　政治

君奴　才藏（三代目）　一奴　小菊　紅香　力丸　歌丸　濱勇　照奴　光勇　喜代松　蝶香　富奴　小龜　加多三　百合香　紅奴　一勇　春奴　一羽　萬歳　雛鶴　政彌　駒菊　桃香　壽々代

音千代　富美恵　すゞ葉

調味の精華　最上醬油　ヤマサ　ヤマダイ　ニビシ　肥塚商店發賣

舞子

清美　富鶴　一子　關彌　花香　光菊　榮　桃榮

半玉

小蝶　豆六　一二　鶴羽　茶良助　鳴吉　春枝　つぼみ　小萬　音丸　凸助　蔦丸　登茂松

見習

千代　小須磨　琴治　若駒

後見

しづ

さくら櫻と浮かれる中に心地よい醉
本年中廣告都々逸は東都芳丸宗匠の作
醇清美酒　都菊
發賣元　肥塚商店

越中哲也文庫

図 8-3　B　長崎、町検番藝妓一覧表（越中哲也文庫蔵、松尾龍之介氏提供）

便宜上、これにＡＢＣと記号を付した。

Ａは「篠原印行」、Ｃは「毎熊印行」とあって、Ｂには印行元の明記は見えない。いずれにしても、長崎ならではの活字印刷である。Ｃは「キリンビール」のスポンサーによる印行ということらしい。

Ｂには「醇清美酒」の「発売元　肥塚商店」（本五島町と築町に電話を引いて存在する）の広告入りであるから、同店のスポンサーだったのであろう。同店の売り出す酒の商標は「都菊」で、「さくら櫻と浮かれる中に心地よい酔」とうたった主は「本年中広告都々逸は東都芳丸宗匠の作」と披露している。東京の宗匠から都々逸を作ってもらい、こんな時代に本五島町と築町の両店に電話を五本も引いて営業していたとなると、この肥塚商店はかなりの大店であった

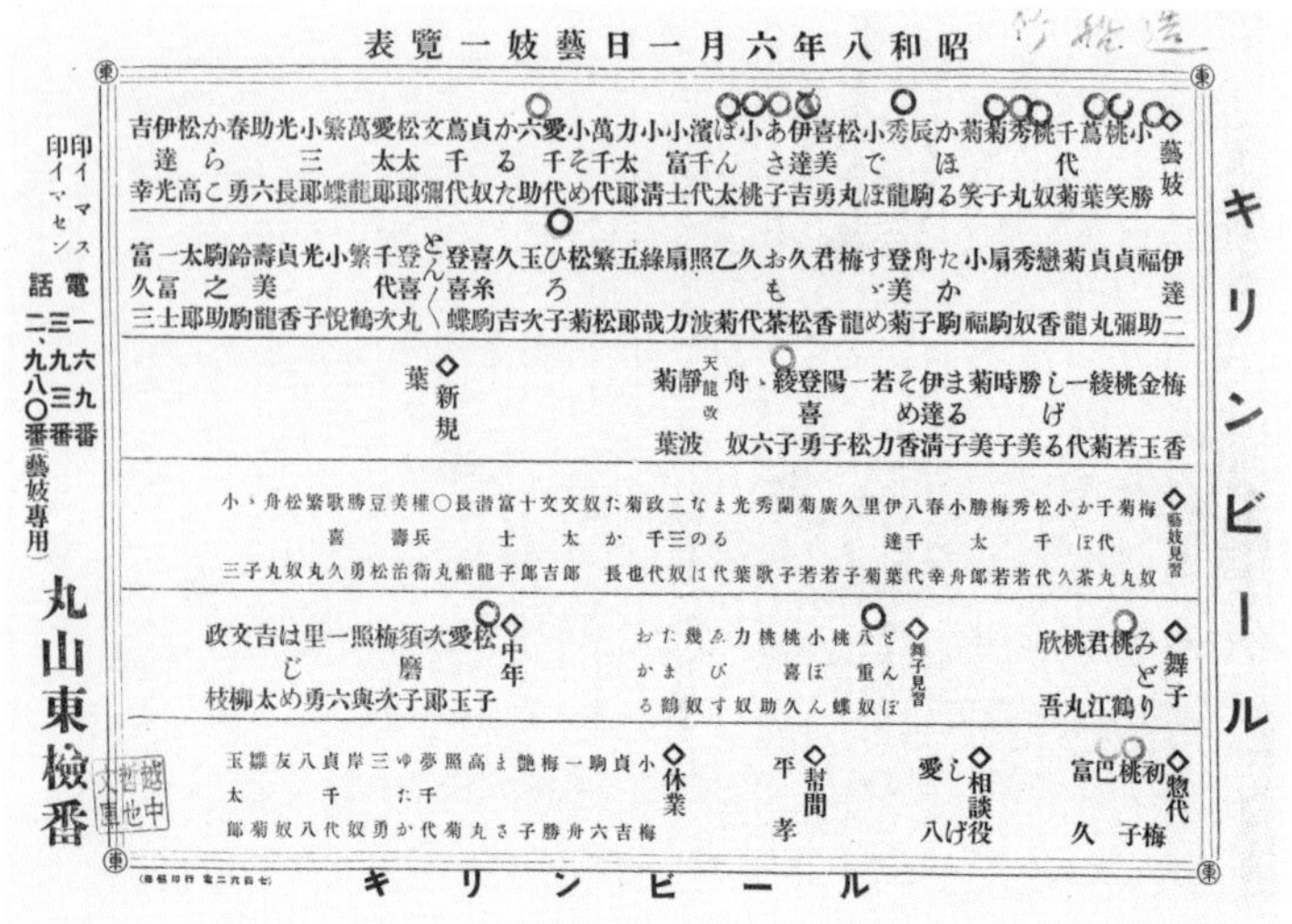

図8-4　C　昭和八年六月一日藝妓一覧表（越中哲也文庫蔵、松尾龍之介氏提供）

ものと見受けられる。「ヤマサ」・「ヤマダイ」・「ニシビ」三銘柄の「最上醤油」である「調味の精華」をも扱う遊女屋の得意先でもあったであろう。だからこそ、こんな引札のスポンサーにもなり得たものと察せられる。

各引札の上欄外に記されている日付に注目してみなければならない。Bの場合「三月　日」は印刷で、日付のみが、墨書肉筆で「十二」と記入されているところからして、この種の引札が毎日印行されていたものとわかる。その日その日の藝妓等の出勤や休みぐあいを検番が確認・把握して、営業の当日の夕刻までに、日々発行したものとわかる。それが証故には、芸妓名等の頭部に、朱印が捺してある。Aでは墨書で「レ」や「|」であったが、Cでは朱の○

印である。Bでは異った朱印が捺されている。朱の印文は、「皆」「迎」「休」などとあり、「皆」と「迎」の朱印が二つ捺してある者もいる。「皆」は、お座敷に出向くことのできる芸妓等であろう。「迎」は迎えの来たものか、迎えの人力車等の手配をされた者ということなのであろうか。「休」は、今日休み、ということであろう。

こんな引札が毎日発行され、各検番から得意先に配布され、毎晩、客待ちをしていた、ということであったようだ。毎日、あまった引札は廃棄処分にされたわけである。終戦後、さる有名な料亭で物資が払底した折に、落し紙として積まれていた紙を、たまたま目にした越中哲也氏が持ち帰り保存されていたもの、と松尾氏から教示を受けた。BとCには「越中哲也文庫」の朱印が捺してある。

以上の書誌的確認を踏まえたうえで、いよいよ芸妓名等をみてみよう。

Aの「芸妓」は一三三名、「新規」が三名とあるから合計一三六名である。次いで「舞子」が十三名、「年増」が十六名、「幇間」一名、「総代」四名の総勢一七〇名である。左の欄外に「印イマス」「印イマセン」と、電話番号が添えてある。大正十三年十一月一日のこの日出勤できる者と、休みの者と、区別した印を付けて配布したもの、とわかる。「長崎ぶらぶら節」で有名になった「愛八」さんの名も「年増」の項目にみえている。この愛八さん、Cの昭和八年六月一日段階では「相談役」の項目に「しげ」さんと二人だけその名がみえている。かなりのお歳とみえる。Cで、もう一つ気になることがある。電話番号で、二九八〇番は藝妓専用の番号と明記されている。どんな専用の話題であったのであろうか。楼主や検番などとの関係もあるのに、どんな機能を果たしていた電話番号だったのだろうか。すこぶる、気をひく電話番号であるといわなければならない。

ところで、Aの裏には、横二つ折りにして、日々の出納に関するメモが墨書されている。誰のメモ書きかわからない。まずは一読してみよう。

ただ、メモ書きした当人にしかわからないメモかもしれない。しかし、學校へ寄附している。

一拾五戋　キク子
目
一弐円　勇子さんへ
目
一弐十六円九十戋　坂本　払
二十日
一　十七円　ゾオリ
一　三十円　坂場
さいさんへ
取かへ

二十一日
金　五円　學校
キフ
二十二日
一　八円〇一戋　タバコ
一　拾四戋　オカゞミ
まんじゆう
廿三日
一　四戋　まんじユウ
一　七十戋　花

一　三十円　おせつさん
　取かへ
一　二十円　お志づさんへ
廿四日
一　拾五円　春《す》かさんへ
　取かへ

一　四円五十戔　皿うどん
一　二十戔　豆
一　弐円　山ノ口自転車
二十六日
一　弐円　勇子さんへ
　目

ゾオリ（草履）やオカガミ（お鏡）、は遊女らしい代金か、この人はタバコを吸っている。まんじゅう（饅頭）が好物だったようだ。日常生活の一端が見えて、ほほえましい。お金の貸し借りは忘れてはならない厳しいものだったのだろう。キク子、勇子、さい、せつ、お志づ、春かさんなど、たった五、六日の間に六人の名前がみえている。

「取かへ」と書かれたメモが「立替え」の意味であったとしたら、このメモの筆者は検番の誰かか、遣り手かもしれない。いろいろ想像をかきたてられるメモに見えてくる。

2　いまに続く丸山の花魁道中

「長崎に丸山という所なくば上方の金銀無事に帰宅すべし」と記したのは、井原西鶴の「日本永代蔵」である。

和・華・蘭の文化が重層的に集積されてる街、長崎。「さるい」てみれば、わからんことはない。「くんち」の祭りによく表れている。きれいなイベントは、なんといっても丸山の花魁道中であろう。

長崎新聞は平成十九年（二〇〇七）三月二十九日の号に「宵・酔いまつり」と題する長崎丸山花魁道中の一景を伝えている。

筆者が家蔵している写本『崎陽記』（嘉永四、五年の記事あり）（図9）に、丸山町と寄合町の遊女屋名と抱えられている遊女の人数と禿の人数の一覧が見え、加えて、丸山町の芸者名、市中に居る芸者名が書きあげられている。参考に全文を紹介しておきたい。

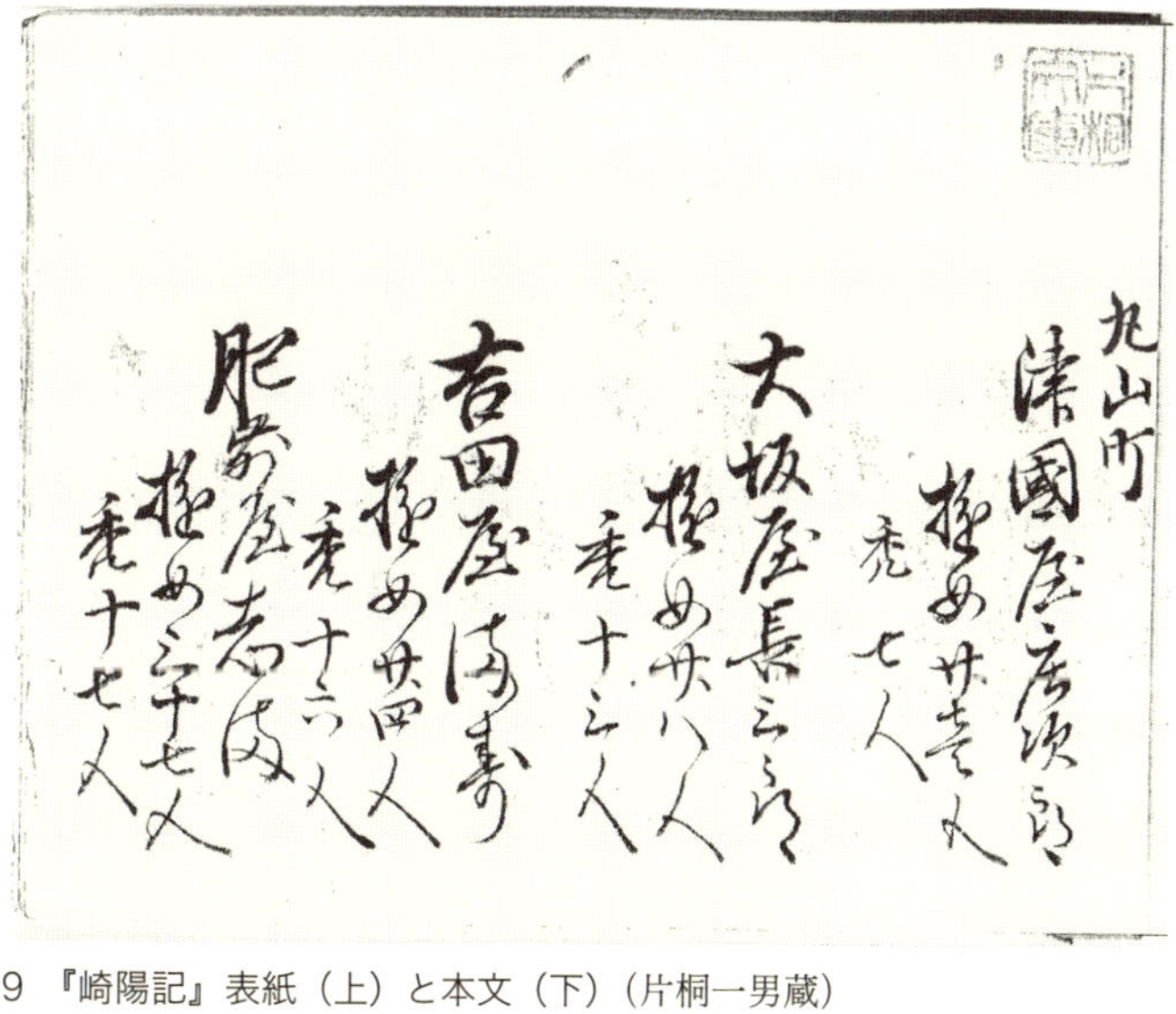

図９　『崎陽記』表紙（上）と本文（下）（片桐一男蔵）

丸山町
津国屋庄次郎
遊女廿壱人
禿七人
大坂屋長三郎
遊女廿八人
禿十三人
吉田屋満寿
遊女廿四人
禿十六人
肥前屋志満
遊女三十七人
禿十七人
東屋みつ
遊女十三人
禿三人
油屋とみ
遊女三十壱人
禿十三人
寄合町
角築後屋忠三郎
遊女三十七人
禿十四人
新築後屋てい
遊女四十人
禿十五人
引田屋建三
遊女三十五人
禿十四人
中築後屋新店猪三八
遊女十弐人
禿十三人
中築後屋新太郎
遊女廿七人
禿十人
大黒屋種次郎
遊女十六人
禿五人
引田屋店かう
遊女廿五人
禿十壱人
下川屋嘉三郎
遊女廿人
禿六人
中川屋きむ
遊女廿四人
禿八人
上川屋冨三郎
遊女三十五人
禿十五人
角築後屋吉兵衛

遊女三十壱人
禿十四人
京屋治兵衛
遊女廿五人
禿十人
大黒屋吉次郎
遊女十壱人
禿五人
築後屋利喜三郎
遊女廿弐人
禿十人
大肥前屋勝蔵
遊女廿八人
禿十壱人
〆
丸山町芸者
きみ

あゐ
小むら
いち
わさ
つ屋
小りう
小きむ
きむ
かな
せき
まさじ
たね
房吉
よね
てい
もと
里蝶

しを
かめ
やな
むら
きよ
ふじ
さき
小とく
ゆき
種吉
あじ
寿次
小市
なか
よし
もとじ
〆

市中芸者

江戸町　せき
〃　たま
下丁　つる
〃　かね
〃　くに
〃　つる
〃　くま
油や丁　ゆう
研や丁　よし
〃　㐂く

鍛次や丁　たま
堀丁　みや
浜丁　しげ
〃　もと
上丁　ゑひ
今紺や丁　むく
〃　あさ
〃　みね
〃　まつ
八幡丁　りう
〃　さき

紙や丁　くら
〃　つね
本大工丁　てい
〃　みよ
〃　ゑい
〃　くま
本紺や丁　ひさ
大村丁　むつ
〆

丸山町に芸者の多かったであろうことは納得できる。しかし、このように、市中にも、いろいろな町に芸者が散在していたことがわかる。

まとめにかえたエピローグ

現在の出島は、長年にわたる発掘調査の成果のうえに、かつての建造物が順次復元されて、在りし日の姿を鮮明に取り戻しつつある。十九世紀初頭の出島復元の整備を目指して大事業がすすめられている。

そんな復元事業のすすむ出島に、いよいよ待望の出島橋が架るという。本書の刊行をもって、慶祝の意を贈ろうと思い立った次第である。

二一八年にも及んで世界の注目を集め、脚光を浴び続けた出島。エキゾチックな街形成の原点となった出島。それだけに出島復元事業に対する長崎市の力の入れようも半端ではない。

出島の復元的姿の追及に続いて求められることは、出島を舞台にして営まれた「生活の姿」であろう。「生活の姿」の追求となれば出島に住んだ人、来島した関係人物を把握しなければならない。

そもそも、日・蘭貿易の行われた出島には、どんな人の顔が見られたものであろうか。

来日のオランダ商館員、貿易業務や管理に当たる長崎奉行所の役人、長崎会所の町役人、出入りの商人、職人。ときには、見分や見物に訪れる諸侯やその従者。伝《つて》をたどって入り込む遊学の徒などの顔もみられた。

これら立場の異る多くの人びとに、打ち雑《まじ》って、昼夜を分かたず、忙しく立ち働いていた人がいた。オランダ人に呼ばれて出島入りした「遊女」であり、日本語とオランダ語の橋わたしをした「阿蘭陀通詞《オランダつうじ》」であった。だから「遊女の出島か、通詞の出島か」といいたくなるのである。

扇の地紙の型をした人口の島「出島」造成の目的はなにか。当初はポルトガル商人たちを集住させて管理することであったようだ。次いで、禁教政策によってポルトガル商人が追放され、空き家となった出島に、平戸のオランダ商館を移転させ、布教の厳禁と、密貿易を未然に防ぐ政策が推し進められ、いわゆる鎖国体制の完備をみた。いずれも、周知のことである。

出島に上陸、勤務したオランダ商館員は、常時、せいぜい十数人。数十人から、船の大きさにもよるが、百人を超していたかもしれない大多数の船員は、港内に舫《もや》っているオランダ船で、水上生活である。

出島に上陸するオランダ商館員も、船で生活する船員も、その大多数は厳しい航海を乗り切ってきた、若く、逞《たくま》しい、独身の若者たちであった。だから、出島に遊女は必要不可欠であったのである。

このうえは、出島で働き、生活するオランダ商人と、管理に当たる日本人の生活実態の追及が必要になる。出島における「生活の姿」の様子を、遊女と通詞を切り口に、内・外の資料によって検証してみようとしたのが本書である。どんな展開がみられたか。

これまで版画の出島に見える人物に眼をとめてみた人がいたであろうか。男性が多いか、女性が多かったか、気になって数えてみると、なんと女性の方が多かったのである。それも、断然多かったのが「遊女」であった。

若くて元気な出島の独身オランダ商館員にとって、遊女の来島がいかに必要なことであったか。それを許した長崎奉行、ひいては幕府にとっても遊女の存在は重要なものであったことが明確となった。日蘭貿易の陰の支え手が遊女と通詞であったことが明確となった。

出島において、「阿蘭陀通詞」の存在が重要であったことは言を俟たない。出島の水門を潜って入ると、すぐ右手に「通詞部屋」の在ることが雄弁に物語っている。

鎖国体制下に日蘭貿易の維持・継続を謀って、長崎奉行が出島における通詞部屋の位置を考え、遊女の来島を準備したことになる。遊女と通詞が日蘭貿易の継続を支える要素の大きかったことが判明した。「遊女の出島か、通詞の出島か」と繰り返したくなる。

出島の戯場でビリヤードに興ずるオランダ人の図二種。どちらが「実情」で「実状」であったかの迷いは、オランダに遺る和文・蘭文両語による遊女揚げ代の計算・請求書によって目出たく解決。出島のオランダ商館員のそばには、常に遊女が侍《はべ》っていた。戯場でも宴席でも、日常の会食の席においても、遊歩のときも同様である。出島には通詞部屋もあったが、カピタン部屋のなかに「遊女部屋」もあった。夏季、水辺の出島に襲来する蚊の大群、蛾の大群。そんななかにあって、出島の遊女部屋の窓枠にのみ金網が設《しつら》えてあった。いかに遊女に対する手厚い配慮がなされていたことか。驚嘆させられる。

遊女とオランダ商館員との交流会話は、日本語、それともオランダ語。置かれた史的条件からも、日常交流の実態からも、断然、オランダ語であったのである。したがって、遊女はオランダ語会話で親交を深めていたのである。もちろん巧拙はさて措くとして。

身の廻りの世話をしてくれて、夜も一緒に居てくれる遊女たち。可愛くてしかたがない。やきもきさせられる小悪魔たち。オランダ商館員たちは手紙を送り、いろいろなプレゼントをしている。遊女もせっせと手紙を書いていた。

遊女の手紙は日本に遺っていないといわれてきた。ところが、なんと、オランダの国立文書館に一〇〇通にも近い遊女の手紙が保存されていたのである。女手の毛筆手紙、遊女の手紙は、読むのが大変、内容も容易ではない。それで、閲覧した人の多くあったらしい形跡にもかかわらず、いままで手が付けられていなかったようだ。一筋縄ではいかない難物《なんぶつ》である。

必要で、重要と思われる言葉や短文に、通詞がオランダ語の単語や短文を書き添えている。それだけで、十分、文意が通じたとは、到底、思われない。口頭でもオランダ人に通詞が説明をしていたわけである。通詞はラブレターの通訳、説明通弁にも従事しなければならなかったのである。添い寝の必要まであったか、どうか。そんな微妙なことまで、手紙から読み取ることは至難のわざである。紙面の背後には、いろいろな場面や気持が籠められていたことであろう。想い出されることも多かったことであろう。

いずれにしても、内容がわかったからカピタン・ブロムホフが大事に持って帰国したのである。そして、大切に保管していたのである。

遊女の手になる手紙には、遊女の気持ち、営業に励《はげ》む楼主の気持ちが滲《にじ》み出ていた。遊女仲間や街で飛び交う噂さ話や、中傷、ときには社会状況までも窺い知ることができた。これら微妙な心の動きを含む通弁や通訳の任に当たった通詞の気持ちはどんなであったであろうか。とても、察し切れるものではない。

遊女たちがオランダ商館員たちから貰い請けた贈物は注目に値する。オランダ商人から遊女屋の楼主、楼主から遊女へと、受け渡されたようである。

指輪やボタンといった小物から、グラス・コップや茶器などの割れやすい物、ガラス玉、鏡や反物類、砂糖のような数や分量の多いものから、ときにはラクダといった大物にいたるまで、その品数、分量は、決して「小貫い」などという表現で済まされるものではなかった。その珍奇で珍貴な品々を理解したり、使い方を聞いたり、小鳥や動物なら、その性質、飼育の仕方にいたるまで、具体的に、詳しくわかるためには、常に通詞の通弁・通訳の力に頼らなければならないことであった。

遊女と通詞は、鎖国下のトクガワ・ニッポンに在って、最高の海外通であり、国際人に仕上っていた、ということができる。

幕府が布いた禁教と管理貿易の推進策。それを体した長崎奉行の認めるもとで展開された国際交流であったのである。

出島の主《ぬし》は、もちろん、日蘭貿易に従事する日蘭双方の商人である。でも、出島で繰り広げられた日常生活の場面、場面では、主《ぬし》が遊女であったり、通詞であったりしていた場面が、実に多かったのである。いまや、その主人振りの優劣はつけがたい。

さらには、次のようなことも見えてきた。近世の都市が出来上っていくとき、殊に対外関係の貿易都市が出来上っていくとき、そこに真っ先に必要だったのが遊女と通詞であった。異文化の人を迎えて、その要求に対応し、受け容れながら、そこに住む都市民の治安や良俗をまもるために、奉行や街の役人は懸命な働きをしていた。その姿は、北の大地と長崎の丸山にのこる遺跡と華麗な年中行事をみるたびに、観光立国を標榜する意を請けて、腐心し、懸命に働く行政の姿にも重なってみえてくるのである。歴史の経験を生かして推進されるべき重要課題である。

附記

すでに述べたことではあるが、本書の本文篇はオランダの国立文書館で長崎丸山遊女の手紙に出会って以来、独力でひそかに解読と考察に努めてきた成果の初公開である。三十五年かかったことになる。

一転して、附録で取り上げた箱館・札幌・長崎の遊女街については、一昨年来、次の方々のお世話になったことに対して、謝意を申し上げなければならない。

・函館では、はこだて外国人居留地研究会の清水憲作、岸甫一、遠藤浩司、倉田有佳の四氏、現地では金澤道枝氏が案内を、地蔵寺墓地の「有無両縁塔」「高清水近太夫墓」では金澤俊広氏がすばらしい写真を撮影して下さった。
・札幌の「すすきの祭り」についてはすすきの観光協会の見上弘明氏に、「花魁道中」のことについては、当日の解説を担当された青山千景氏に御教示を得た。
・長崎丸山の遊女街については松尾龍之介氏の案内と教示に負うところが大きかった。
・毎夏、札幌に避暑滞在中、執筆をすすめる生活上で、中殿ホテルの中殿恭子氏とカフェ恵美の恵美俊昭氏のお世話になること多大であった。
・現今の厳しい出版界にあって、困難な組版や編集に多大な労力を傾注して下さった勉誠出版の池嶋洋次社長と編集の黒古麻己さんにも深甚なる謝意を表明する次第である。

片桐一男

【著者プロフィール】

片桐一男（かたぎり・かずお）

1934年（昭和9年）、新潟県に生まれる。1967年、法政大学大学院人文科学研究科日本史学専攻博士課程単位取得。文学博士。現在、青山学院大学文学部名誉教授。公益財団法人東洋文庫研究員。青山学院大学客員研究員。洋学史研究会会長。専攻は蘭学史・洋学史・日蘭文化交渉史。
主な著書に『阿蘭陀通詞の研究』（吉川弘文館、角川源義賞）、『杉田玄白』（吉川弘文館人物叢書）、『蘭学家老　鷹見泉石の来翰を読む――蘭学篇――』（岩波ブックセンター、ゲスナー賞）、『知の開拓者　杉田玄白――『蘭学事始』とその時代――』（勉誠出版）、『伝播する蘭学――江戸・長崎から東北へ――』（勉誠出版）、『江戸時代の通訳官――阿蘭陀通詞の語学と実務――』（吉川弘文館）、『勝海舟の蘭学と海軍伝習』（勉誠出版）、『シーボルト事件で罰せられた三通詞』（勉誠出版）などがある。

出島遊女《でじまゆうじょ》と阿蘭陀通詞《オランダつうじ》
――日蘭交流の陰の立役者――

2018年4月27日　初版発行

著　者　片桐一男
発行者　池嶋洋次
発行所　勉誠出版 株式会社
〒101-0051　東京都千代田区神田神保町3-10-2
TEL：(03)5215-9021（代）　FAX：(03)5215-9025
〈出版詳細情報〉http://bensei.jp/

印刷・製本　太平印刷社
組版　トムプライズ

ISBN 978-4-585-22197-5 C1021
